# 성경적
## 세계관으로
## 홈스쿨하기

Homeschooling from a Biblical Worldview

Copyright 2000, Israel Wayne
All Rights Reserved.

Korean edition © 꿈을이루는사람들 DCTY 2022

## 성경적 세계관으로 홈스쿨하기

초판 1쇄 발행  2008년 12월 24일
개정판 1쇄 발행  2022년 5월 2일

지은이  이스라엘 웨인
옮긴이  황혜정

펴낸곳  ㈜디씨티와이북스
출판등록  제16-3821호
주소  (06258) 서울시 강남구 도곡로 110
전화  02-529-7722
팩스  02-571-5353
홈페이지  www.dctybooks.co.kr
전자우편  dcty@dctybooks.co.kr

ISBN 978-89-6804-062-7 (03230)

• 책값은 뒤표지에 있습니다.
• 잘못 만들어진 책은 구입처에서 교환해드립니다.
• 무단전재와 복제를 금합니다.

# 성경적 세계관으로 홈스쿨하기

*Homeschooling from a Biblical Worldview*

**이스라엘 웨인** 지음

**황혜정** 옮김

꿈을 이루는
사람들

# 차례

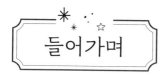

들어가며

한 개인의 세계관은 실재에 관해 그가 가진 전제 혹은 확신의 집합으로,
삶에 관한 총체적 전망을 나타낸다.

W. 앤드루 호페커

오늘날의 미국 교회는 영적 유산을 남겨야 할 책임을 잊어버렸다. 성경 시대 가장들은 자신 앞에 놓인 의무를 민감하게 알아차렸다. 아버지로서 그들은 자녀의 삶을 위탁받았다. 그들은 자신이 믿음의 조상 이야기를 자손에게 전달해야 한다는 것을 알고 있었다. 그들의 후손은 조상의 하나님을 알아가며 성장해야 한다.

어린아이들의 제자훈련은 당연하게 여길 일이 아니었다. 하나님을 믿는 가정에서 태어났다는 사실로는 충분하지 않았다. 다음 세대도 반드시 유일하고 참되신 하나님을 개인적으로 맞아들여야 했다. 체계적인 가르침과 훈련, 징계가 차근차근 이루어졌다. 그렇다고 해서 진리가 삼투현상처럼 자연스럽게 흡수될 거라고 단순하게 추정하지 말아야 한다. 사실상 경건한 사람들이 경건한 자손을 훈련하는 데 실패한 경우도 수없이 많았다.

다윗과 엘리, 사무엘…. 더 거슬러 올라가 야곱에 이르기까지, 모든 사람이 자녀를 영적으로 이끌어야 할 책임을 다하지 못했다. 경건한 사람이라는 사실만으로 조상의 믿음을 다음 세대에게 충실하게 전해주었다고 확신할 수는 없다. 무언가가 더 있어야 한다. 그것이 무엇일까?

이 책은 내가 받은 양육의 기초가 된 교육철학을 독창적으로 고찰해본 것이다. 나는 가정에서의 교육(Home Education)이 식사와 호흡처럼 자연스럽게 느껴진다. 우리 가정은 내가 '학교 갈 나이'가 되기도 전에 홈스쿨을 하기로 했고, 그래서 난 처음부터 가정에서 학습하는 환경에 빠져들었다. 우리는 1978년 공식적으로 홈스쿨 여정을 시작했고, 당시 내 누이는 유치원을 막 시작한 상태였다.

우리는 세속적이고 정부 주도적이며 제도적인 학습의 흐름과 상반된 것을 경험했다. 우리는 전혀 다른 의제를 갖고 있었다. 홈스쿨의 목표는 항상 어린이인 우리가 하나님을 알도록 돕는 것이었다. 성공하는 부모가 되는 비법을 스무 가지 정도 전해줄 수 있으면 좋겠지만, 그렇게 하려면 몇 년은 기다려야 할 것이다(농담이다). 성공 비법은 지나치게 현실에 안주해서 하나님을 따라 살지 못하는 이들을 위한 것이다. 성령의 인도하심에 겸손히 복종하는 것을 대신할 비법은 없다.

"악한 영향력에서 보호하시고, 배우는 즐거움을 깨닫게 하시고, 논리적 사고력을 허락하시고, 하나님의 성품을 강조하게 하시고, 일관성 있는 훈련을 받게 하시고, 거룩한 삶의 모델을 만나게 하시고, 자신의 삶을 향한 하나님의 부르심을 발견하고, 성경적 세계관 훈련을 받게 하시고, 기독교적 전제를 물려주시고, 또래 집단의 압력에서 자유케 하시고, 진리를 사랑하게 하소서."

이런 중보 기도가 없다면 내 삶이 어디로 가게 될지 전혀 알 수 없다.

부모가 어떻게 이 모든 것을 자녀에게 전할 수 있을까? 쉽지 않겠지만 불가능한 일은 아니라고 굳게 믿는다. 완벽함과 거리가 먼 어린 시절을 보냈지만, 나는 하나님의 은혜와 어머니의 견고한 믿음 덕분에 내 조상의 하나님을 알게 되었다고 고백할 수 있다.

이 책에서, 난 후배 그리스도인들에게 디딤돌 같은 몇 가지 원칙을 가르쳐 주고 싶다. 여행하다 보면 예상하지 못한 위험을 만날 때도 있는데, 우리는 다른 사람들의 경험을 배우면서 많은 것을 얻을 수 있다. 이 책에 기록된 가치 있는 개념들은, 우리가 가족으로서 함께 배운 것들이다. 많은 부분이 미숙하고 불완전하지만, 부디 이 책을 통해 당신이 삶의 전 영역에서 성경적으로 사고하는 여정을 시작하게 되길 기도한다.

홈스쿨을 시작한 지 25년 넘게 지난 뒤에, 그리고 〈홈스쿨 다이제스트〉 (Home School Digest)를 발간한 지 15년 뒤에 주님께서 몇 가지 깨닫게 해주신 것이 있다. 당시에는 모호하고 풀기 어려운 미스터리 같았던 것들이 이제 명확하게 보인다. 그중 하나는 홈스쿨이 목적을 이루기 위한 수단일 뿐, 목적 자체는 아니라는 것이다. 우리는 홈스쿨러들의 성공 사례를 많이 보아왔다. 그리고 그에 못지않게 실패한 사례들도 많이 보아왔다. 우리는 홈스쿨에 관한 환상을 갖고 있지 않다. 인생의 문제에 관한 답은 홈스쿨이 아니라 예수 그리스도다. 홈스쿨은 오직 그리스도의 권위 아래서만 열매 맺게 될 것이다.

기독교 가정에서 성장하고 교육받고 세상의 악한 영향에서 보호받았지만,

그런데도 마음속에서 세상의 것을 전혀 떨쳐내지 못한 젊은이들을 개인적으로 알고 있다. 그중 어떤 이들은 성인이 된 뒤에 부모의 가치관을 떠나고 교회의 가르침을 버렸다. 심지어 하나님에게 등 돌리고 육욕에 사로잡혀 타락의 길에 빠진 최악의 경우도 있었다. 이것은 홈스쿨의 실패일까? 절대 그렇지 않다. 이것은 홈스쿨이 아무 효과 없다는 증거일까? 전혀 아니다. 그렇다면 홈스쿨의 본질에 관해 우리가 잘못된 기대를 한 것인가? 그렇다.

"이러이러한 것들을 하십시오. 그러면 하나님 신경 쓰지 않고 살 수 있습니다"라고 이야기하는 책을 기대한다면 책을 잘못 골랐다. 하지만 내가 기도한 대로, 하나님을 믿는 경건한 신앙 유산을 남기는 것이 중요한 독자라면, 이 책에 담긴 진리로 유익을 얻게 되기 바란다. 진실한 것은 전부 하나님의 것이다. 혹시라도 오류가 있다면 전적으로 내 잘못이다. 무엇보다 나를 살리시고 부족한 나를 선택하사 사용하신 하나님에게 무한 감사를 드린다.

내가 홈스쿨로 성장한 사람의 관점으로 글을 썼고, 그것이 책 전체에 반영되어 있다는 점을 기억해주기 바란다. 나는 교사와 부모, 그 외 교육자의 관점을 가지라고 주장하지 않는다. 나는 내 세계관에서 말미암은 것을 나눌 수밖에 없는데, 거기엔 분명 한계가 존재한다.

이 책이 당신의 지성에 새로운 사고의 문을 여는 열쇠가 되었으면 좋겠다. 당신이 이 책을 읽고 난 후 새로운 관점을 갖게 되길 희망한다. 나는 당신이 예전에 결코 생각한 적 없는 것들을 생각해보라고 도전하고 싶다. 또한 하나님이 이미 주신 확신 가운데 당신을 격려하며 익숙한 것을 독창적으로 바라보는 관점을 제시하고 싶다.

이 책은 성경의 대체물이 아니다. 하나님 말씀과 성령의 인도를 대신할 것은 존재하지 않는다. 당신이 하나님의 부르심을 따라 살아가는 데 이 책이 도움이 되기를 기도할 뿐이다.

"오직 하나님께 영광을!"(Soli Deo Gloria)

내가 벌써 이런 경지에 이르렀다거나, 온전한 상태에 이르렀다고 주장하는 것은
아닙니다. 그러나 나는 그리스도 예수가 나를 붙드신 목적을 붙잡으려고 노력하며
계속 전진합니다. 형제 여러분, 나는 지금도 내가 그것을 온전히 붙잡았다고
여기지 않습니다. 하지만 이것에 집중합니다. 곧 뒤에 있는 일은 모두 잊고
무엇이든 앞에 놓인 것을 향해 손을 뻗고, 목표를 향해 곧장 나아갑니다.
내가 받을 상은 하나님이 그리스도 예수 안에서 내게 주신
귀하고 영광스러운 부름입니다.

빌 3:12-14

우리는 늘 눈에 보이는 일들이 아니라 보이지 않는 일들을 바라봅니다.
눈에 보이는 일들은 일시적인 것이며, 영원한 것은 바로 보이지 않는 일들입니다.

고후 4:18

우리 세대에 영향을 미치는 것만으로는 충분하지 않다.
나는 우리 세대와 그들의 자자손손에게까지 영향을 미치고 싶다.
그리스도를 위해 우리는 아직 태어나지 않은 이들에게도 영향을 미칠 수 있다!

모건 크라이어(Morgan Cryar), CCM 싱어송라이터이자 홈스쿨 부모

* 이 책의 모든 신약성경 본문은 필립스 성경(아바서원 역간)에서 인용했습니다.

# CHAPTER 1

# 영원한 것을 바라보는
# 관점 유지하기

학생으로서 내가 가진 가장 큰 고충 중 하나는 오래 집중하지 못하는 것이었다. 창밖의 움직임이나 주변의 대화, 머릿속에 떠오른 추상적인 생각으로 금세 마음이 산란해졌다.

모든 초보 운전자가 반드시 극복해야 할 것은, 멀리 전방을 내다보지 않고 코앞만 보려고 하는 경향이다. 3미터 앞에 시선을 고정한 채 몇 초마다 핸들을 바로잡게 하면, 그들은 좌절할 수밖에 없다.

홈스쿨러들도 이런 근시안적 시각에 영향받을 수 있다. 아이가 수학 문제를 풀지 못한다고 격분해서 소리 지르고 책을 집어던지는 엄마들이 있다. 극단적 반응이기는 하지만, 이것은 우리가 잠깐 있다 사라질 것에 몰두하다가 영원한 것을 놓칠 수 있음을 분명하게 보여준다. 홈스쿨에 과도하게 집중하다 보면 하나님의 목적을 간과하기 쉽다. 비본질적인 것에 지나치게 빠져서 하나님 주신 복을 잃어버리는 것이다. 어떻게 해야 본 궤도에서 벗어나지 않을 수 있을까? 우리에겐 목표가 필요하다!

# 왜 홈스쿨을 하는가?

이것은 분명히 이해하고 명료하게 표현할 수 있어야 하는 중요한 질문이다. 홈스쿨을 하는 동기가 명확하지 않으면, 어려움이 닥칠 때 혼란과 좌절을 겪게 될 것이다.

## 홈스쿨을 하는 이유

- 공립학교보다 나은 교육을 자녀에게 시키고 싶어서

- 자녀와 더 많은 시간을 함께 보내고 싶어서

- 자녀가 공립학교에 다니는 아이들처럼 반항적인 학생이 되지 않게 하려고

- 자녀에게 기독교의 가치를 가르치고 싶어서

- 공립·사립학교에 심각한 문제가 있어서

- 사랑하는 자녀에게 가장 좋은 것을 주고 싶어서

- 아이가 교사에게 계속해서 미움받고 동급생들에게 왕따 당하기 때문에

- 가정에서 아이를 가르치라고 주님이 말씀하셨기 때문에

- 1년 동안 시험 삼아 홈스쿨을 해보고 너무 만족스러워서

- 주변 지인들 모두가 홈스쿨 시작하는 것을 보았고, 그 결정에 동의했기 때문에

우리는 모두 홈스쿨 문제와 관련된 결정의 순간에 직면하고 있다. 여러 요인의 영향으로 어쩔 수 없이 홈스쿨을 시작할 수도 있지만, 가정에서 아이들을 교육하려는 동기는 분명하게 정의할 수 있어야 한다.

나는 종종 이런 질문을 받곤 한다.

"선생님은 홈스쿨 자녀였잖아요. 그러면 당신도 가정에서 자녀를 가르칠 건가요? 그렇게 할 거라면 이유가 무엇인지 궁금합니다."

그럴 때마다 나는 이렇게 대답한다.

"저는 교육을 위해 제 아이들을 다른 누군가에게 보내는 것은 고려조차 하지 않을 것입니다."

가정교육의 열매를 경험했기 때문에, 나는 그것이 옳은 선택이라고 확신한다!

가정에서 아이를 가르치는 것이 효과적임을 깨닫고, 자기 아이에게 가장 좋은 것을 주고 싶어서 많은 사람이 홈스쿨을 시작한다. 지혜는 자기의 모든 자녀로 옳다 함을 얻는다 눅 7:35.

"보는 것이 믿는 것이다."

그러나 개척자들이 남긴 뚜렷한 흔적이 없었다면, 우리 중 얼마나 많은 사람이 모든 전통을 거슬러야 한다는 신념을 갖고 아이들을 집에서 가르치려 할까?

1978년 내 어머니에게는 지금 우리가 가진 증거와 통계가 없었다. 본받을 만한 다른 가정도 없었다. 하지만 어머니는 하나님을 믿고 그분 말씀에 순종했다. 성경을 읽을 때마다 어머니는 부모가 자녀를 가르쳐야 한다는 하나님의 명령을 계속해서 찾아내셨다.

사실은 부모로서 당신은 늘 새로운 영역을 경험하며, 쉽게 답할 수 없는 새로운 도전들과 마주하게 될 것이다. 이 책에서 답을 찾을 수 없는 질문들도 있을 것이다. 당신은 어디에서 답을 찾을 것인가? 우리는 내 어머니가 하신 것처럼 하나님 말씀의 자리로 가야 한다.

## 순종이라는 요소

잠언 22장 6절에는 분명하고 마땅히 따라야 할 명령이 기록되어 있다.

마땅히 걸어야 할 그 길을 아이에게 가르쳐라. 그러면 늙어서도 그 길을 떠나지 않는다.

이 말씀은 순종에 관한 요구를 필수적으로 강조하고 있다. 때때로 우리는 이 구절의 후반부에 초점을 맞추다가 올바른 관점을 잃어버린다. 우리는 '늙어서도 그 길을 떠나지 않게' 하려고 '아이를 가르치고' 있는가?

모든 선택에는 결과가 따른다. 부모의 가르침을 잘 간직하는 신실한 아이는, 이 계명에 순종해서 나타난 열매다. 그러나 우리는 하나님이 명령하신 것이라는 이유만으로도 '아이를 가르쳐야' 한다. 결과로 주어지는 복은 동기부여가 아니라 순종의 열매다.

*이 책의 모든 구약성경 본문은 새번역성경(대한성서공회)에서 인용했습니다.

홈스쿨이 주는 복은 많다: 학문적 탁월함, 더 나은 사회적 행동, 순종적인 아이들, 끈끈한 가족관계 등. 이것은 우리가 하나님 나라와 그 의를 먼저 구할 때 덤으로 주어지는 것들이다.

그러므로 당신들은 주 당신들의 하나님을 사랑하며, 그의 직임과 법도와 규례와 명령을 항상 지키십시오 신 11:1.

이것이 바로 홈스쿨을 해야 하는 이유다. 하나님은 부모가 자녀에게 그분의 법을 가르쳐야 한다고 명령하신다. 우리는 그 말씀에 순종해야 한다.

우리 가정은 어려운 일이 닥칠 때마다, 그것이 좋아서가 아니라 하나님께 순종하기 위해 홈스쿨을 하고 있다는 것을 기억하면서 낙심하지 않았다. 잠깐 있다 사라질 것을 보고 동기부여를 받았다면, 어머니는 늘 실망해서 이렇게 말했을 것이다.

"이렇게 해봤자 별 효과가 없어! 우리 애들은 순종적이고 성숙하고 책임감 있는 어른이 절대 될 수 없을 거야."

그리고 우리는 얼마 지나지 않아 그 지역의 어느 초등학교 교실 뒷자리에 앉아 있었을 것이다! 하지만 우리는 제자도의 과정을 밟아가는 데 헌신했고, 최종 결과만이 아니라 하나님이 지금 우리 삶 가운데 하고 계신 것에도 주목했다. 우리는 곧 힘든 시기가 올 거라는 사실을 알고 있다. 어쩌면 사랑하는 태도를 유지하기 위해 씨름해야 하는 갈등의 시간이 올지

모르지만, 우리는 하나님이 우리를 온전케 하기 원하신다는 것을 알고
있다.

## 성경의 명령

당신들은 오로지 삼가 조심하여, 당신들의 눈으로 본 것들을 잊지 않도록 정성
을 기울여 지키고, 평생 동안 당신들의 마음 속에서 사라지지 않도록 하십시
오. 또한 그것을 당신들의 자손에게 길이 알리십시오. 당신들이 호렙 산에서
당신들의 하나님이신 주님 앞에 섰던 날에, 주님께서 나에게 말씀하셨습니다.
"이 백성을 나에게로 불러 모아라. 내가 그들에게 나의 말을 들려주어서, 그들
이 이 땅에서 사는 동안에 나를 경외하는 것을 배우고, 또 이것을 그들의 아들
딸에게 가르치게 하려고 한다" 신 4:9-10.

그러므로 당신들은, 내가 한 이 말을 마음에 간직하고, 골수에 새겨두고, 또 그
것을 손에 매어 표로 삼고, 이마에 붙여 기호로 삼으십시오. 또 이 말을 당신들
자녀에게 가르치며, 당신들이 집에 앉아 있을 때나 길을 갈 때나, 누워 있을 때
나 일어나 있을 때나, 언제든지 가르치십시오. 당신들의 집 문설주와 대문에도
써서 붙이십시오. 그러면 주님께서 당신들 조상에게 주겠다고 맹세하신 땅에
서, 당신들과 당신들 자손이 오래오래 살 것입니다. 당신들은 하늘과 땅이 없
어질 때까지 길이길이 삶을 누릴 것입니다 신 11:18-21.

시편 78편에는 홈스쿨의 핵심이 담겨 있다. 부모가 자녀를 가르치고 훈련하기 원하시는 하나님의 갈망이 드러난 성경 구절은 그 외에도 많다 창 18:19, 출 10:2, 12:26-27, 13:8, 13:14, 잠 3:1.

## 공립학교에 대한 반발이 아니라 하나님을 향한 반응으로

부모가 자녀를 가르친다는 성경의 방식에서 벗어날 때, 우리는 하나님의 계획을 무시한 것에 대한 당연한 결과와 마주하게 된다. 공립학교에서 보게 되는 혼란과 와해는, 하나님의 방식을 무시한 결과다. 우리가 교실을 깨끗이 청소하거나 학교의 도덕성을 회복할 수 있겠지만, 학교는 여전히 하나님의 온전한 명령에 미치지 못한다. 성경에서 하나님은 교육을 제도화하는 것을 절대 승인하지 않으신다.

전통적인 교실 수업은 인간이 만든 것이며, 자녀를 가르치라고 하나님이 맡겨주신 책임을 이행하지 않으려고 고안한 인위적 대체물이다. 우리는 하나님의 온전한 뜻에 대한 성경적 확신의 자리로 돌아가야 한다.

한 토크쇼에서 진행자가 내게 이런 질문을 했다.

"홈스쿨러는 모두 공립학교의 잘못에 지나치게 핏대를 올리는 극단적 반동주의자들이고, 피해망상에 빠져 급진적으로 학교를 떠나는 사람들 아닌가요?"

나는 그에게 이렇게 대답했다.

"공립학교 체제를 응징하는 수단으로 홈스쿨을 하고 있는 부모들이 있을 수도 있겠지요. 하지만 대부분의 부모는 자녀를 향한 사랑과 관심 때문에 홈스쿨을 하고 있습니다."

나는 하나님께 순종하는 마음으로 홈스쿨을 옹호한다. 나는 홈스쿨과 공립학교가 별반 차이가 없다고 생각한다. '홈스쿨 방식이냐 공립학교 방식이냐'가 아니라 하나님 말씀이 기준이기 때문이다.

공교육의 도덕적 붕괴 현상을 볼 때마다 이 말씀이 생각난다.

주님을 경외하면 강한 믿음이 생기고, 그 자식들에게도 피난처가 생긴다 잠 14:26.

1861년 신학자이자 성경 번역가인 필립스(S. Phillips) 목사가 이런 말을 했다.

"슬프게도 오늘날 가정교육은 모든 부분에서 무시되고 남용되고 있다. 자신의 사명과 역할에 '교사'가 포함되지 않는다고 생각하는 부모가 많다. 가정에서의 훈련을 무시하는 것은, 그것에 관해 현존하는 편견에서 비롯된 것 같다. 자연과 종교의 진리 가운데 자녀를 교육하지 않는다면, 그 아이는 분명 거짓과 사탄적 방식을 따라 훈련받을 것이다." 1)

부모가 자녀를 교육하는 것이 하나님의 계획이라면, 그분의 목적과 계획은 무엇일까?

## 하나님은 부모들의 마음을 원하신다.

예수님의 마지막 명령은 '제자 삼으라'라는 것이었다. 제자도는 기독교를 관통하는 대동맥이다. 하나님은 그분의 백성이 섬기는 자로 준비되기 원하시며, 이를 위해 홈스쿨 환경을 사용하신다.

홈스쿨의 초점은 주로 아이의 발달에 맞춰져 있다. 그러나 하나님 관점에서 홈스쿨은 부모와 함께 시작한다. 그분은 다음과 같이 약속하셨다.

그가 아버지의 마음을 자녀에게로 돌이키고… 말 4:6 중에서.

자녀의 삶 가운데 부모를 사용하기 전에, 하나님은 마음으로 온전히 순복할 것을 부모에게 요구하신다.
그런 이유로 하나님은 이렇게 말씀하신다.

내가 오늘 당신들에게 명하는 이 말씀을 마음에 새기고 신 6:6.

그렇게 되어야 하나님 말씀이 자녀에게 효과적으로 전수될 수 있다. 여호수아가 당시 유행하던 우상 숭배에 의연히 맞서 일어섰을 때, 그는 "내 자녀들이 여호와를 섬길 것이다"라고 말하지 않았다. 대신 그는 "나와 내 집안은 여호와를 섬길 것이다"라고 말했다 수24:15.

이것은 때때로 고통스러운 과정이다. 주님의 교양과 훈계로 자녀를 양육할 책임을 떠맡기 시작할 때, 부모는 자신들의 결점과 불완전함이 하나님의 빛 가운데 드러나는 것을 보게 된다. '가정교육'이라는 긴밀하게 연결된 제자도의 환경에서 부모는 자신들의 삶에 나타나는 결점투성이 성품을 본다. 그리고 하나님은 이기심과 조급함, 분노와 교만 등을 제거하시기 시작하신다. 하나님이 이 같은 영원한 진리를 가르치실 때, 부모는 그것을 자녀에게 가르칠 수 있다.

## 부모들의 영원한 열쇠

하나님이 가정에서 자녀를 가르치라고 하시는 세 가지 근본적인 이유가 있다.

첫 번째는 자녀가 하나님을 알고 사랑하고 섬기도록 돕는 것이고, 두 번째는 하나님 나라 사역을 위해 그들을 준비시키라는 성경의 오래된 진리를 자녀 마음에 새겨넣는 것이며, 세 번째는 부모를 불같은 시련으로 단련해서 순결한 정금으로 나오게 하는 것이다.

## 하나님은 아이들을 훈련하고 준비시키기 원하신다

부모들의 마음을 얻고 나면, 하나님의 관심은 아이들에게 향한다. 하나님은 부모에게 가르치신 것들을 사용하셔서, 부모가 이 원리들을 자녀들에게 전하게 하신다. 이 시점에서, 아이들을 위한 하나님의 용광로가 달궈지기 시작한다. 토기장이이신 하나님의 손길이 그들을 빚고 다듬을 때, 불편해하거나 자기 삶 가운데 일하시는 그분에게 맞서는 아이들이 있을 수도 있다.

젊은이들이 큰 그림을 볼 눈을 잃으면, 가정에 큰 문제가 생길 수 있다. 예를 들어, 홈스쿨을 통해 하나님이 내 인생에서 하고 계신 일을 계속해서 바라보면, 나는 그분이 내 성품을 다듬고 계신 것에 감사하게 된다. 하지만 영원을 바라보는 관점을 잃는다면, 나는 그저 성가시고 귀찮고 트집 잡고 싶기만 할 것이다.

너희를 두고 계획하고 있는 일들은 오직 나만이 알고 있다. 내가 너희를 두고 계획하고 있는 일들은 재앙이 아니라 번영이다. 너희에게 미래에 대한 희망을 주려는 것이다. 나 주의 말이다 렘 29:11.

하나님은 우리를 위한 놀라운 계획을 갖고 계시며, 우리를 통해 위대한 일을 행하기 원하신다. 하지만 그분은 우리를 먼저 준비시키신다. 다윗 왕은 양 떼를 돌보며 많은 세월을 보낸 후에야 거인 골리앗을 물리치고 이스라엘을 통치할 수 있었다.

## 자녀들의 영원한 열쇠

하나님은 홈스쿨 자녀들을 향해 두 가지 목적을 갖고 계신다. 첫 번째는 그들에게 하나님을 알리는 것이고, 두 번째는 과거 하나님의 일하심과 법과 원리, 약속을 깨달아 그분을 섬기며 그분의 지상명령을 수행하게 하는 것이다.

## 하나님은 우리를 사용하기 원하신다

홈스쿨러로서 우리는 주님을 섬기기 위해 준비되고 있다. 하나님 말씀 가운데 살아가며, 우리를 열매 맺지 못하게 하는 것들을 끊임없이 직면하고 극복하고 있다. 한 가정으로서 우리는 서로 돕고 격려하며 더 강해질 수 있고, 삶 속에서 지속적으로 하나님의 인도하심을 추구할 수 있다.

하나님께 순복하지 않고 가정을 성경 원리대로 이끌지 않는 아버지가 사역 지도자로 준비될 수 있을까? 남편이나 자녀보다 자기 안위와 만족을 채우는 데 더 관심 있는 엄마를 하나님이 사용하실 수 있을까? 세상적인 것들에 빠져 있고 부모를 대적하는 젊은이를 하나님이 사역자로 부르실 수 있을까?

가정교육은 구체적으로 사역하기 위해 필요한 도구들을 우리에게 허락할 것이다. 매일 우리는 우리의 성품을 형성하는 새로운 것들을 경험하고 배운다. 홈스쿨러로서 우리는 교육에서 중요한 것이 무엇이고, 그저 시간 낭비만 하고 있는 것이 무엇인지 재평가해야 한다.

## 전통적 학습 방법은 수정할 수 있다

우리는 전통이라는 달력에 자신의 일정을 맞추곤 한다. 익숙한 것을 고집하며 사람들이 하는 대로 따라 한다. 우리는 교육적으로 늘 해오던 것을 거스르고 싶어 하지 않는다.

영원의 관점에서 우리가 하나님 뜻대로 행하도록 준비시켜주는 것이 아니라면, 학문적 요소는 중요하지 않다. 하나님은 우리가 천국에 도착했을 때 이렇게 묻지 않으실 것이다.

"왜 고등학교 때 화학 공부를 더 열심히 하지 않았니?"

하나님은 우리가 그분의 명령을 얼마나 신실하게 지키는지에 관심이 있으시다.

번아웃(Burnout)은 홈스쿨러 사이에서 흔히 나타나는 일이지만, 대부분 우리의 좌절은 자초한 것이다. 체험을 통해 탐색하고 배우는 것을 더 좋아하는 아이들은 책 들여다보는 것을 지루해할 수 있다. 부모는 종종 일정과 평가, 등수와 공부 계획으로 아이들을 압박해서 분노하게 만든다. 한걸음 물러서서 심호흡을 크게 한 뒤, 넓게 바라보라. 우리는 박물관과 동물원, 국립공원과 역사 유적지로 여행을 떠나고, 가정 교육자의 의무를 변함없이 이행할 수 있는가?

하나님은 수학책에 머리를 파묻고 잠들 때만이 아니라, 지역 보육원에서 노래를 불러주거나 아픈 친구를 위해 집을 청소해줄 때도 우리를 가르치실 수 있을까? 자기 자신에 대해 불필요한 기대는 하지 말자. 본질적인 것인가? 지금 당장 배워야 하는가? 이 주제를 학습하기 위해 전통적 교수법을 따라야 하는가?

하나님의 눈으로 세상을 바라봐야 한다. 참고서와 시간표, 학습 계획은 우리가 사용할 도구이지 우리를 구속하는 족쇄가 되어서는 안 된다.

한걸음 뒤로 물러나 영원한 관점으로 상황을 바라보면, 평상시 혼란으로부터 탈출할 수 있다. 어려운 과목 때문에 학생들이 지나치게 낙담해서 부모나 형제에게 화를 낼 때는, 더 깊은 영적 교훈을 깨달을 때까지 책을 치워두는 것이 좋다. 학과 공부 때문에 가정의 평화가 깨질 때는, 하나님이 세포질(Cytoplasm) 연구보다 그리스도인다운 삶과 가정의 하나 됨에 더 크게 관심 있으시다는 사실을 기억하라. 일관성과 훈육이 잘못되었다는 것이 아니다. 군대식 획일화가 아니라 가정의 하나 됨과 제자도가 중심 목표라는 이야기다.

융통성을 발휘하고 변화에 열려 있고 비본질적인 것에 관심 두지 않을 때, 우리는 더 행복해지며 더 많은 열매를 맺을 것이다. 우리는 진정으로 가치 있는 인생의 교훈을 배우게 될 것이다. 값을 매길 수 없는 영원의 순간을 그냥 지나치거나, 귀중하고 영원한 목적을 추구할 기회를 놓치지 않을 것이다.

계속해서 영원에 초점을 맞추면 분노와 오해를 불러일으키는 것들을 피할 수 있다. 그리스도는 우리가 더 친근한 가정과 더 강한 관계, 더 나은 증거와 더 깊은 믿음, 더 많은 사랑과 더 큰 겸손을 갖게 되기 원하신다. 자기 자신과 환경에서 벗어나 그분께 시선을 고정할 때, 우리는 사람들의 삶에 영원한 영향을 미치며 진정으로 열매 맺는 홈스쿨을 하게 될 것이다.

우리 아이들이 21세기 사상과 견해에 맞서 자신의 신앙을 지켜낼 수 있으려면,
지금 그들을 가르치고 훈련하고 준비시켜야 한다. 이보다 중요한 것은 없다.
우리는 기독교 세계관으로 삶의 모든 것을 이해해야 한다.

데이비드 퀸(David Quine)과 셜리 퀸(Shirley Quine)의 공저 ≪Let Us Highly Resolve≫ 서문에서

# 성경적 교육

## 교육의 목적

그리스도인 교육자로서 우리가 늘 명심해야 할 것이 있다. 교육 자체는 목적이 아니라 목적에 이르는 수단이라는 점이다. 우리가 알든 모르든 모든 철학에는 그것을 공부해야 하는 교육 목표와 이유가 있다.

### 세속적·인본주의적(Secular/Humanist) 세계관

이 세계관은 인간을 높이기 위한 지식 쌓기를 장려한다. 학생은 다른 사람보다 더 우월하다고 느끼기 위해 팩트(Fact)와 데이터(Data)를 축적한다. 이런 관점은 자녀가 최고 점수를 받고 열네 살에 하버드 대학 입학허가서를 받기 원하는 부모들에게서 나타난다. 이것은 지적 우월성 콤플렉스(Intellectual superiority complex)다. 학문적 성공을 이루고 인본주의자가 된 사람 모두를 비난하려는 것은 아니다. 다만 인간에게 영광 돌리는 것이 우상 숭배적 태도이므로 추구해서는 안 된다는 이야기다.

### 마르크스 레닌주의(Marxist/Leninist) 세계관

이 세계관은 국가를 섬기기 위해 자녀를 준비시키자는 기계적(Mechanical) 교육 형태를 유지한다. 구 소련과 동독, 유럽의 다른 공산주의 국가들은 사회주의 교육 체계를 모방했으며, 자신들의 이데올로기를 미국 문화에 전파하려고 노력했다. 우리는 공산주의 국가인 중국 본토에서도 마오쩌둥 같은 독재자들 아래 이런 접근 방식이 행해지는 것을 목격했다.

내 삼촌이 중국에서 '조'(Joe)라고 불리는 그리스도인을 만난 적이 있다. 배달 트럭 운전사인 조는 어렸을 때부터 자신의 손으로 다른 사람을 치료하는 의사가 되고 싶어 했다. 하지만 중국에서는 개인이 자유롭게 직업을 선택할 수 없다. 기독교 신앙 자체가 법으로 금지된 중국에서는 개인의 삶을 향한 하나님의 이끄심과 부르심을 따를 수 없다. 마르크스 레닌주의 세계관에서 개인은 국가를 섬기기 위해 존재한다. 국가야말로 섬기고 예배해야 할 '신'(God)이라는 것이다.

### 자본주의(Capitalistic) 세계관

이 세계관은 '국가를 섬긴다'라는 사고방식을 자유 시장 경제에 맞게 수정해서 받아들인다. 돈을 많이 벌고, 회사에서 높은 위치에 오르고, 이웃보다 좋은 직업을 얻는 것이 중요한 목표다. 저명한 매체 이론가이자 문화 평론가인 닐 포스트만(Neil Postman)은 이 이데올로기를 '경제효용 (Economic Utility)의 신'이라고 부른다.

'높은 수준의 교육을 받지 못하면 미국은 산업 국가로서 경제적 성공을 거둘 수 없다'라는 견해가 일반적으로 받아들여지고 있다. 따라서 '일하는 학교'(School to Work) 같은 공립학교 프로그램들은 사회주의 체제와 현재의 자본주의 고용 체제를 연결하는 다리 역할을 하고 있다. 실용주의를 추구하는 근로자들을 확보하기 위해, 국가는 그들이 최선이라고 여기는 직업에 젊은 근로자들이 최적화되어 있음을 확실히 하려고 노력한다. 시장의 자유와 개인의 직업 선택 기회가 중요하다고 믿는 이들은 분명 이런 경향을 두려워하고 경악할 것이다. 포스트만은 스탠퍼드대 헨리 레빈 (Henry Levin)의 연구를 인용해서 이렇게 주장한다.

*"국가 경제의 생산성이 학교 교육의 질과 연관된다는 증거는 거의 없다(다시 말하면 전혀 없다)."* 1)

부모는 아이가 '현실 세계'(Real World) 경제에서 경쟁하는 법을 배우며 성장하길 원한다. 부모는 자녀가 장차 자기 가정의 물질적·재정적 필요를 채우며 살아가길 바란다. 이해할 만한 염려들이지만, 이런 염려가 좋은 결과를 내는 것은 아니다. 우리의 재정적 필요는 하나님 나라와 그 의를 먼저 구할 때 채워진다 마6:33. 공허하고 무의미한 직업 관련 교육적 접근 때문에, 사람들은 삶의 진정한 의미를 찾게 된다(전 2:17-26을 보라).

## 기독교 세계관

이 세계관에서 우리 존재의 진정한 목적은 하나님을 아는 것이다. 우리는 왜 창조되었는가? 말씀 한마디로 온 우주를 창조하신 하나님이 정말 에덴동산을 돌볼 사람이 필요하셨을까? 물론 아니다.

하나님이 우리를 창조하신 이유는 교제하기 위해서다. 교육의 목적은 창조주 하나님을 더 잘 알아가는 것이다. 하나님 나라 사역을 위해 준비시키는 것도 주된 목적은 아니다. 교육의 목적은 하나님의 본질에 관해 가르치는 것이다. 웨스트민스터 교리 문답에는 인간의 주된 목적이 '하나님을 영화롭게 하고 그분을 영원토록 즐겁게 하는 것'이라고 기록되어 있다.

우리 하나님은 알면 알수록 더 많이 사랑하게 되는 분이시다. 지혜와 즐거움, 수고와 탁월함, 부요함을 힘써 추구했던 솔로몬도 나중에는 비슷한 결론을 내렸다 전 12:13.

필립스 목사는 1861년에 발표한 글 〈The Christian Home - As It Is In The Sphere Of Nature And The Church〉(그리스도인의 가정 - 자연과 교회의 영역에서 이룬 것 같이)에서 다음과 같이 썼다.

"첫 번째, 가정교육은 지적이어야 한다. 두 번째, 가정교육은 도덕적이어야 한다. 세 번째, 가정교육은 종교적이어야 한다." 2)

# 우리는 어떻게 여기까지 왔는가?

현대 교육 철학을 이해하려면, 항상 우리가 어디에서 왔는지 살펴봐야 한다. 우리는 "우리 자녀를 교육해서 어디로 데려갈 것인가?"에 대한 답뿐 아니라, "이 사회가 우리 자녀를 어디로 데려가려고 하는가?"에 관한 답도 알아야 한다.

수년 동안 정부의 교육 정책에 참여해온 모든 사람이 교육의 미래를 염려하고 있다. 그들은 우리 자녀들을 이끌어가기 원하는 특정한 학문적·영적 지향점을 갖고 있다.

그러나 홈스쿨러는 인본주의적 평가 기준이 아니라, 하나님의 기준이라는 다림줄을 따라 자신만의 교육 목표를 개발해야 한다. 우리는 어떻게 교육에 접근해야 할까? 교육에 대한 성경적 관점은 무엇일까?

이제 지난 100년 동안 교육을 주도한 세 가지 사상에 관해 설명하려고 한다. 이 세계관 혹은 교육 철학들은 기독교 세계관과 모더니즘 (Modernism), 포스트모더니즘(Postmodernism)이라는 세 가지 범주로 나뉜다.

## 논쟁

### 기독교 세계관

교육에 대한 기독교적 관점 아래, 교사들은 학생들에게 영향을 미쳐서 그들이 특정 방식을 믿게 하려고 노력했다. 그들은 객관적 사실들을 통해 학생들이 바른 신앙을 형성하도록 돕고, 학생들의 사고 과정에 영향을 미치려고 최선을 다했다. 학생을 훈련하는 교사의 권위는 '제자가 그 선생보다 높지 못하나니'와 같은 성경 말씀에 근거하고 있다(마 10:24 중에서). 분명한 목표가 있다. 기독교 교육가들은 학생들이 옳고 그름을 구별할 성경적 세계관을 배우고 졸업하게 되기를 바랐다. 사회의 도덕을 판가름하는 기준은 하나님이었고, 모든 배움의 기저에 깔린 중요한 전제는 십계명이었다.

19세기 후반까지 기독교 세계관은 미국 교육에서 독보적이었다. 그런데 문화적 측면에서 - 특히 산업과 기술, 과학 분야에서 - 상황이 달라지기 시작했다. 니체(Nietzsche)와 다윈(Darwin), 프로이드(Freud)와 듀이(Dewey), 만(Mann)과 그 밖의 영향력 있는 인물들이 우리 사회의 사고방식에 변화를 가져왔다. 그들은 "신은 죽었고, 인간은 생물학적 요인으로 우연히 생겨난 존재이며, 종교가 아닌 심리학이 교육의 원동력이 되어야 한다"라고 주장했다. 학문적 기량보다 사회적 상호작용이 더 중요하게 여겨졌다.

솔직히 말하면 뿌린 대로 거둔 것인데, 이런 경향의 많은 부분은 그리스 문화(혹은 그 문제와 관련된 다른 문화들)에까지 거슬러 올라갈 수 있지만, 오늘날의 위기를 이해하기 위해 우리는 최근 전개되고 있는 일들에 초점을 제한할 것이다.

계몽주의가 들고 나온 근본적 요소는 논리적 실증주의(Logical Positivism)

또는 경험론(Empiricism)의 문제였다. 20세기 초반에 일어난 과학 혁명 이면의 원동력은 만지고 맛보고 냄새 맡고 보고 들을 수 있는 것만 확신할 수 있다는 믿음이었다. 이 모든 변화와 더불어, 우리는 곧바로 새로운 '근대'(Modern) 사상의 시대에 놓이게 되었다.

## 모더니즘(근대주의)

근대 과학 사상에 따르면, 신은 죽었고 어리석은 그리스도인들이 고안한 '신화'(Myths)와 '우화'(Fables)는 신뢰할 수 없는 것이었다. 과학적으로 입증 가능한 것만 믿을 수 있었다.

이에 관한 독특한 역설은 진화론이 인간 기원을 설명하는 탁월한 이론으로 등장했다는 것이다. 거시 진화론(Macro-Evolutionary Theory)은 과학적으로 입증된 적이 전혀 없다. 그것은 실험실에서 복제할 수 없다. 그것은 엄격한 과학적 조사를 받지 않을 것이다. 우리가 지금껏 관찰해온 유일한 진화는 그 이론 자체에 있다.

역사는 의미가 없다는 이유로 즉시 경시되었다. 모더니즘에 따르면 우리는 생물학적 사고로 생겨난 존재이며, 우리는 과거에 사라진 우리 문화의 사회적 역사 속에서 목적을 발견하거나 그로부터 미래의 방향도 찾을 수 없다.

근대주의자(Modernist)들은 복제할 수 있고 논리적·객관적으로 이해할 수 있다는 이유로 수학을 중요하게 여겼다. 수학은 과학 혁명(Scientific

Revolution)에서 큰 역할을 했다.

미술과 음악, 문화는 인간이 무의미한 존재임을 표현하는 수단이 되었다. 그것들은 더는 하나님의 아름다운 성품을 표현하지 않았다. 그것은 오직 인간의 전적 자율만 반영했다. 주관적이고 상대적인 성격 때문에 예술은 근대주의 문화의 주변부에 있었다.

언어 과목도 그 중요성을 상실했다. 의미 없는 유기물 덩어리에 불과한 우리가 무엇을 믿고 느끼는지는 중요하지 않다. 왜 자신의 의견을 표현하려고 애쓰는가? 당신 혼자 그것을 간직하고, 다른 사람들은 각자 원하는 대로 믿게 하라(물론 이런 견해를 표현하는 것도 의견을 진술하는 것이다).

근대주의자 교사의 주된 목적은 객관적 사실을 전달하고, 학생들이 그에 관해 원하는 대로 믿게 하는 것이었다. 모든 사람의 의견이 동등하기 때문에, 그들에게 세계관을 형성해 주려고 하면 안 된다. 인간의 지각으로 입증할 수 있는 것 외에 절대적이고 초월적인 진리는 없다.

종교와 철학, 심리학과 대부분의 교육 영역은 상대주의적으로 바뀌었고, "신은 죽었고 절대적인 것은 없다"라는 공통적 동의를 따를 뿐이었다.

20세기 최고의 기독교 지성인이자 복음주의 운동가인 프랜시스 쉐퍼(Francis A. Schaeffer) 박사는 모더니즘 시대의 신념들을 탁월하게 개괄했다. 세계관 분석과 교육, 기독교 변증의 전문가 데이비드 노에벨(David Noebel) 박사도 자신의 기념비적인 책 ≪충돌하는 세계관≫(Understanding the Times)을 통해 근대주의의 경향을 잘 이해하게 해주었다.

## 포스트모더니즘

포스트모더니즘은 지금도 계속 진화하는 중이어서 하나의 정의로 제한하기 매우 어렵다. 이 새로운 시대는 50년대나 60년대 중반 어디쯤 생겨났고, 21세기에 들어서면서 천문학적 수준의 속도로 확대되었다. 교육 방식은 완전히 바뀌었고, 학생들의 믿음에 영향을 주고 조종하는 것이 지금 다시 한번 인기를 얻고 있다.

종교는 20세기 전반보다 지금 훨씬 더 위력을 떨치고 있다. 그러나 성경적 기독교는 역사상 가장 낮은 지지를 얻고 있다. 뉴에이지 사상과 범신론 종교들이 판치고 있으며, 미국인들은 성경 윤리에 부합하지 않는 종교까지 용인하며 배타성을 주장하지 않는다. 포스트모더니스트들은 모든 사람을 용납하는 종교를 원하며, 누구도 틀렸다고 비난하지 않는다. 물론 고루한 사람들, 성경을 믿는 사람들, 관용적이지 않은 사람들, 근본주의자들, 보수주의자, 극단주의 그리스도인 같은 사람들은 예외다.

모더니즘 시대에 엄격하게 금기시되었던 '공립학교에서의 종교 교육'이 새로운 포스트모더니즘 시대에는 환영받고 있다. 하지만 가르치면 안 되는 유일한 종교는, 스스로 유일하고 참된 종교라고 주장하는 기독교다. 근대주의적 사고방식을 가지고 자란 부모들은, 자신의 자녀가 학교에서 가치 평가로부터 자유로운 일련의 사실과 자료를 그저 배우기만 할 뿐이며, 그와 별개로 자신이 무엇을 믿는지 분별할 수 있을 거라 오해하고 있다. 하지만 이것은 얼토당토않은 착각이다.

공립학교에 다니는 많은 아이가, "우리 사회에서 가장 위험한 사람들은 성경을 곧이곧대로 받아들이는 특정 집단이다"라고 가르치는 호전적인 세속주의자들에게 세뇌당하고 있다. 포스트모더니즘 교육가들은 사람이 실제로 객관적일 수 있다고 믿지 않으면서 믿는 척하고 있다. 우리는 모두 자신의 의견과 편견을 갖고 있고 그에 따라 행동하는데, 그들은 자신들의 절대적 가치를 아이들에게 심어주려고 적극적으로 시도하고 있다.

근대주의자들은 학문적 탁월함을 매우 중요하게 여겼다. 그러나 포스트모더니스트(Postmdernist)들은 읽기와 쓰기, 셈하기 같은 핵심 과목을 멀리하고, 자아 존중감과 국제 사회 시민 양성에 초점을 맞췄다. 나는 학년이 바뀔 때마다 수십 개의 교육 카탈로그를 꼼꼼히 읽는데, 그럴 때마다 학급에서 교사들이 학문적 핵심이 빠져있는 자료들을 사용하는 것에 기겁하게 된다. 자료들 대부분은 다문화주의(Multiculturalism)와 '다중지능'(Multiple Intelligence), 사회 적응 프로그램(Social Adjustment Program)에 맞춰져 있다.

당신은 학교에 교육자료를 공급하는 업자가 난독증(Dyslexia)과 주의력 결핍증(Attention Deficit Disorder), 또는 다른 학습 장애로 고생하는 학생들을 돌보는 '특수 교육 교사'(Special Education Teachers)에게 무엇을 제안하는지 아는가? 그들은 교사가 최면을 통해 아이들이 자기 내면에 있는 잠재력을 더 높은 수준으로 끌어올리도록 돕기 원한다. 실제로 그들이 만든 카탈로그에는, 영적 안내자가 아이를 도울 것이며 교사는 아이가 자신의 안내자를 알 수 있게 도와야 한다고 나와 있다. 교사들은 당연히 부모에게 자녀가 사탄의 세력에 노출될 거라고 알리지 않고, 부모는 순진하게도 자녀가 고급반 읽기 수업을 받고 있다고 여길 것이다.

종교는 포스트모던 교육의 이면에 존재하는 강력한 원동력이다. 그러나 앞서 말했듯이, 포스트모더니즘 종교 교육에서는 성경적 기독교에 관한 긍정적 언급 일체를 노골적으로 제외하고 있다.


## 공립학교 교육 저변에 깔린 비도덕성

"각 세대 부모들이 자녀의 학교에서 실제로 무슨 일이 벌어지고 있는지 항상 또는 가끔이라도 안다면, 교육의 역사는 상당히 달라질 것이다."
_C. S. 루이스의 ≪예기치 못한 기쁨≫(Surprised by Joy)

"국가가 통제하는 교육의 요점은 정부에게 학생들의 영혼을 형성하고 그들의 깨끗한 마음판을 채울 권한이 주어진다는 것이다. 이 같은 권한 부여는 선출직 관료들에게 주어지는 가장 중요한 신뢰이지만, 그들이 중립적 입장에서 이 책임을 받아들일 거라고 여기는 것은 가장 해로운 환상에 사로잡혀 사는 것이다."
_라비 재커라이어스(Ravi Zacharias) 3)

"성경을 가리키고 젊은이들의 마음판에 그 내용을 새겨넣는 일에 열심 내지 않으면, 학교야말로 가장 거대한 지옥문이라는 것이 입증될 것이다. 나는 그렇게 될까 봐 두렵다. 성경에 최고의 권위를 두지 않는 곳에 자녀를 두면 안 된다."

_마르틴 루터

## 1. 공립학교 교육은 도둑질의 형태를 취한다

공립학교는 이웃의 돈을 훔쳐 자기 자녀의 교육비를 내는 재정 구조로 되어 있다.

"내 아이가 더 나은 교육을 받아야 하니, 교육비를 내기 위해 당신의 돈을 훔치도록 허가해달라!"

내가 이렇게 말한다면, 당신은 나를 미쳤다고 비난하며 유치장에 처넣으라고 요구할 것이다. 그런데 이것이 바로 정부가 통제하는 교육의 본질이다.

19세기 프랑스의 경제학자 프레데릭 바스티아(Frederic Bastiat)는 민법과 정부를 다룬 자신의 중요한 책에 이렇게 썼다.

"사람들 가운데 보편적으로 나타나는 경향이 있는데…, 사람들은, 그렇게 할 수 있다면, 다른 사람을 희생시켜서라도 잘 살게 되기를 바란다." 4)

"법은 교육 문제에 관해 오직 두 가지 대안만 갖고 있다. 강제력을 동원하지 않고 가르치고 배우는 활동이 자유롭게 이루어지게 하거나, 이 문제와 관련해서 사람들을 움직여 다른 사람을 가르치라고 정부가 임명한 교사들에게 사례비를 지급하기에 충분한 재원을 마련하는 것이다. 그러나 두 번째 경우에서 법은 자유와 번영을 누릴 인간의 권리를 침해하며 합법적 강탈을 저지른다." 5)

어느 날 나는 1997년 열린 '학교와 정부의 제휴 분리'(Separation of School & State Alliance, "자녀 교육의 책임은 부모에게 있으며, 교육은 정부가 맡아야 하는 기능이 아니다"라고 주장하는 미국의 단체로, 현재는 'The Alliance for the Separation of School and State'라는 이름으로 활동하고 있다 - 역자 주) 행사에서 교육 민영화를 주제로 폴 클리블랜드(Paul Cleveland)가 한 강연 녹음을 듣고 있었다. 오하이오주에서 온 가톨릭계 부속 학교(Parochial School) 교사는 그가 한 말에 이렇게 반응했다.

"본질적으로 기독교는 모든 사람이 쉽고 공평하게 접근할 수 있는 교육 자원을 늘 갖추고 있었습니다."

그것은 정부가 교육에 관여하는 것을 변호하며 부자와 가난한 사람을 똑같이 바라보자는 식의 발언이었다. 나는 내 귀를 믿을 수 없었다! 그것은 기독교가 아니라 사회주의다!

그리스도인은 성령의 인도로 부담감을 느끼고 궁핍한 사람들에게 쓸 것을 나눠준다. 이것은 그의 자유의지에서 나온 것이다. 그리스도는 '의적 로빈 후드' 같은 방식으로 교육에 접근하는 것을 용납하지 않으신다.

## 2. 공립학교 교육은 무책임을 장려한다

'위대한 보모 국가'(Great National Nanny)로서, 미국 정부는 국가가 부모보다 아이 양육에 관해 더 많이 알고 있다고 주장해 왔다. 결국, 아이들을 국가에 허락하신 분은 하나님이다. 그렇지 않은가? 게다가 당신은 왜 아이들을 매일 집에서 가르치고 훈련하기 원하는가? 당신을 대신해서 그 일을 감당할 사람을 구할 수 있는데 말이다. 빅브라더[Big Brother, 조지 오웰(George Orwell)의 디스토피아 소설 《1984》에서 비롯된 용어로, 정보 독점으로 사회를 감시·통제하는 권력자나 권력기관을 일컫는다 - 역자 주]는 이렇게 말한다.

"당신의 아이들을 위해 우리가 부모 노릇을 대신하겠다. 그들을 먹이고 입히고 치료하고, 정치적으로 올바른(Politically Correct) 지구촌 시민이 되도록 가르치겠다. 사실 당신은 똑똑하지 않기 때문에 자녀를 가르칠 수 없다. 오히려 당신이 그들의 사회적 발달에 해를 입힐 수도 있다. 또한 당신은 직업을 구해서 당신 이웃의 자녀 교육비를 지불해야 한다. 부모가 되지 말고 대신 국가에 봉사하기 위해 일하라."

### 3. 공립학교 교육은 자연주의적 전제 때문에 도덕성을 가르칠 수 없다

"원시 점액에서 진화한 인간은 순전히 우연과 돌연변이의 산물이다"라는 전제에서 출발한다면, 인간의 가치와 의미에 관한 합리적 기초는 더 이상 존재하지 않는다. 우리가 정말로 인도함을 받지 못한 생물학적 과정의 산물이라면, 우리는 자연의 연장일 뿐이다. 다윈에 따르면, 자연 선택은 그의 적자생존 이론에서 볼 수 있다. 우리가 단지 '인간 동물'(Human Animals)이라면, 강간하고 죽이고 훔치고 속이고 거짓말하는 것 같은 행위를 하는 것이 뭐가 문제인가? 그런 철학이 난무하는 가운데 '도덕적으로' 살아가는 것은 이성적 사고에서 벗어난 존재론적 도약(Existential Leap)이다.

프리드리히 니체(Friedrich Wilhelm Nietzsche)는 "신이 죽었다면 인간은 자신이 원하는 대로 살 수 있다"라고 가르쳤다. 히틀러(Hitler)는 자율적 '초인'(Autonomous Superman)이라는 사상을 취해서, 진보와 편리라는 이름으로 600만 명의 무고한 사람들을 학살했다. 하나님으로부터 분리된 도덕은 철저히 비이성적인 진공상태와 같다.

'동물'인 우리는, 우리가 원하는 방식을 가로막는 모든 것을 극복해야 한다. 인간성이 지닌 영적 의무를 무시하면 사람은 논리적으로 일관된 삶의 방식을 잃게 된다. 자연주의적 물질주의는 도덕 교육을 내놓을 수 없다.

## 4. 공립학교 교육은 정부를 향한 하나님의 명령을 무시한다

이 문제는 7장에서 더 자세히 나누도록 하겠다. 하나님의 명령에서 멀어지면 멀어질수록 영적 축복과도 멀어지게 된다. 하나님이 우리의 역기능적인 모습에 복 주실 거라고 기대할 수 없다.

성경적 교육에서, 우리가 인식하고 이해해야 할 몇 가지 요소가 있다.

# 기독교 교육

## 1. 모든 사람은 삶의 방식에 영향을 미치는 세계관을 가지고 있다

자신의 세계관을 분명하게 표현할 수 없다 해도, 우리에게는 원하는 바를 선택하게 하는 일련의 신념과 전제가 있다. 인격적인 하나님, 그분을 사랑하고 섬기게 하시려고 우리를 창조하신 하나님을 믿는다면, 우리는 그 세계관에 따라 살아갈 것이다. 그러나 하나님이 비인격적이거나 존재하지 않는다고 믿는다면, 그 믿음에 걸맞은 인생을 살 것이다. 누구도 자신의 세계관으로부터 도망칠 수 없다. 그리스도인으로서 우리는 자기 세계관의 기초를 알고 이해해야 한다.

## 2. 아는 것은 믿는 것에 비해 그리 중요하지 않다

교육의 목적은 생명 없고 적용 불가능한 교육적 사실(Fact)과 이론들을 머릿속에 가득 채우는 것이 아니다. 오히려 교육의 목적은 객관적 진리를 전수하고 그로부터 견고한 신념의 기초를 세우게 하는 것이다. 성공적인 교육은 아는 것이 아니라 믿는 것에 달렸다.

1700년대 후반 미국 건국의 아버지들(Founding Fathers, 독립 전쟁과 관련된 미국 초기의 대통령 다섯 명과 독립 선언에 참여한 정치인들을 일컫는 말 - 역자 주)이 자유를 위해 싸웠으며, 그 전쟁을 통해 영국으로부터 독립할 수 있었다는 것을 '알 수는' 있다. 그것은 사실이다. 사실은 특정 사건이나 주제에 관해 아이가 무엇을 알고 있는지 보여준다. 그러나 진정으로 중요한 질문은 이것이다.

"자유에 관해, 그리고 조국의 독립을 지키기 위해 치른 대가에 관해 아이는 무엇을 믿는가?"

당신의 아이는 생존을 위한 희생과 수고, 결단과 의지에 관해 무엇을 믿는가? 당신의 아이는 감옥에 갇히거나 죽는다고 해도 옳은 것을 위해 당당히 일어설 필요가 있다는 것을 아는가?

당신도 알다시피, 객관적 사실을 취해서 그 원칙들을 실제 삶에 적용할 수 없다면 아이가 무엇을 아는지는 그리 중요하지 않다. 늘 삶을 압박하는 도덕적 선택에 적용할 수 없다면, 공부를 통해 얻은 지식이 무슨 가치가 있는가? 그는 자기가 '아는 것'에 관해 무엇을 믿는가?

### 3. 자신이 무엇을 믿는지 알아야 한다

세상만사와 관련해서 우리가 무엇을 믿는지 전부 아는 것은 어려운 일이다. 엄청나게 많은 이슈가 우리 사회에 영향을 미치고 있다: 적극적 우대 조치(Affirmative Action, 인종·성별·종교·신분 등의 이유로 차별받는 소수자와 사회적 약자를 우대하는 정책과 행위 - 역자 주), 낙태, 안락사, 인권, 유전 공학 등등.

믿지 않는 세상은 예수님이 이런 이슈들에 관해 어떻게 생각하시는지 궁금해하며 그리스도인인 우리를 바라본다. 그런데도 언제나 "난 몰라요. 그 문제에 관해 생각해 본 적 없어요"라고 모른 체할 수는 없다. 합리적 한계 안에서, 우리는 오늘날의 사회 이슈와 추세에 뒤처지지 않도록 정진해야 한다. 그렇게 하면 불신자들과 대화하거나 종종 다른 사람에게 기독교 세계관을 소개할 수 있다. 당신 마음 가운데 살아있는 믿음에 관한 이유를 사람들에게 설명하기 위해 늘 준비되어 있어야 한다 벧전 3:15-16.

### 4. 자신의 믿음이 왜 진리인지 알아야 한다

일일이 열거할 수 있을 만큼 자신이 출석하는 교회의 교리적 특징을 잘 아는 십 대들을 종종 만나곤 한다. 그런데 그들은 자신의 교회가 그런 관점에 매달리는 이유에 관해서는 전혀 알지 못했다.

열여덟 살 된 어느 학생과 이야기를 나눈 적이 있다. 그리스도인 가정에서 태어나고 자랐지만, 그는 그리스도인이 아니었다. 나는 이렇게 물었다.

"낙태에 관해 어떻게 생각하니?"

"우리 부모님은 낙태가 잘못된 거라고 믿으세요."

"내가 궁금한 건 그게 아니란다. 난 낙태에 관한 네 생각을 물은 거야."

"글쎄요, 저도 낙태가 잘못된 거라고 생각해요."

"왜 그렇게 생각하게 됐니?"

나는 그가 답을 알고 있기를 바라며 계속 질문했다.

"저, 저…."

그는 말을 더듬었다.

"낙태는 살인이에요. 살인은 잘못된 것이고요."

여기까지는 괜찮았다.

"그러면 왜 살인이 잘못된 거라고 생각하게 됐니?"

내가 더 깊이 파고들자, 그는 약간 불안한 표정으로 이렇게 대답했다.

"성경에서 살인하지 말라고 했으니까요."

나는 그 친구가 그리스도인이 아니라는 것을 알았기에 그의 대답에 호기심이 생겼다.

"성경이 어떻게 모든 문화권의 사람들에게 낙태에 관한 정책을 지시하고, 어디서나 누구에게든 낙태가 잘못된 거라고 말할 수 있는 권위를 갖게 된 걸까?"

"무슨 말씀을 하시는지 잘 모르겠어요."

그가 머뭇거리며 대답했다.

"그러면 다른 식으로 말해볼게. 너는 성경이 진리라는 걸 어떻게 아니?"

"좋은 지적이시네요."

자신의 신발을 내려다보며 그가 말했다.

"좋은 지적이라는 건 무슨 뜻이니?"

나는 놀라서 이렇게 물었다.

"넌 낙태가 성경의 명령 때문에 잘못된 거라고 말했잖니. 그런데 성경이 진리인지 아닌지 모르겠다는 거니?"

그는 잠시 침묵한 뒤에 이렇게 웅얼거렸다.

"저는 단지 그렇게 믿도록 부모님 손에 키워진 것뿐이에요."

어린 시절을 교회에서 보냈지만, 그는 성경이 절대 진리인 이유를 전혀 알지 못했다. 자신이 믿는 바를 안다고 생각하면서도, 그것이 진리인 이유는 몰랐던 것이다. 이것이 불완전한 세계관의 예다.

## 5. 자신의 신앙을 분명하게 표현할 수 있어야 한다

우리는 자신이 믿는 바와 믿는 이유를 알아야 할 뿐 아니라, 자신의 믿음을 친구나 동료와 나눌 수 있어야 한다. 우리는 진리를 잃고 죽어가는 세상에 살고 있다. 그래서 우리는 세상의 빛이 되어야 한다. 대중 강연이나 자신의 신앙을 변호하는 방법 배우는 것을 좋아하지 않을 수 있지만, 그렇다고 우리의 등불을 켜서 말 아래 둘 수는 없다. 지금은 너무 위태로운 시대이다. 우리는 안전지대에서 나와 불변의 진리인 하나님 말씀으로 부패한 문화와 소통하는 법을 익혀야 한다.

매우 똑똑하지만 자신의 믿음을 표현하는 데 필요한 의사소통 기술이 부족한 홈스쿨 학생들을 만날 때면 늘 실망하게 된다. 좋든 싫든, 우리는 글이나 말을 통해 효과적으로 의사소통하는 기술을 배우고 개발해야 한다. 청중 앞에서 말하는 것이 겁 나는 일일 수 있다는 걸 난 알고 있다. 적절한 글쓰기 기술을 익히는 것이 지루할 수 있다는 것도 안다. 하지만 이것은 정말로 필요한 의사소통 도구다.

능숙한 의사소통 기술을 펼치는 십 대나 성인을 만날 때면, 늘 그가 모임 가운데 두각을 나타내는 방식을 보며 놀라곤 한다. 그는 설득력 있는 화법으로 친구들의 관심을 사로잡고, 종종 여론의 방향을 돌려놓기도 한다. 물론 세상에서 가장 의사소통을 잘하는 사람도 자신이 무엇을 믿고 왜 그렇게 믿는지 알지 못한다면 무시당할 것이다. 무엇을 믿으며 왜 그렇게 믿는지 이유를 아는 이 두 단계를 통과한 젊은이들은, 자신의 믿음을 실제적으로 표현하는 일을 어려워하지 않게 될 것이다.

### 6. 믿는다고 고백하는 대로 살아야 한다

야고보서는 행함 없는 믿음은 죽은 것이라고 말한다 약 2:26. 어떤 사람이 무엇을 믿는지 알고 싶다면, 그가 어떻게 사는지 보면 된다.

어떤 신학적 질문을 던져도 즉시 교리문답을 인용해서 대답하는 젊은이들을 만난 적이 있다. 하지만 그들은 재미있다는 이유로 추잡한 내용의 영화를 보고 세속적인 음악을 들으며, 비신자 친구들처럼 거칠고 반항적인 투로 말했다. 그들을 생각하면 왜 동일한 샘에서 깨끗한 물과 더러운 물이 나오는 것처럼 보이는지 궁금해진다.

살아가는 방식으로 당신의 믿음을 표현하라. 삶의 방식을 변화시키지 않는 믿음이라면, 그것은 구원에 합당한 믿음이 아닐 것이다.

C. S. 루이스는 이런 말을 했다.

*"사람이 언제나 진리를 변호만 하고 있을 수는 없다. 그것으로 먹고살아야 할 때가 있다."* 6)

말씀을 먹고 사는 목적은 먼저 자신의 영혼에 양식을 주기 위함이며, 그다음에는 주변 사람과 나누기 위함이다.

주님의 말씀은 내 발의 등불이요, 내 길의 빛입니다 시119:105.

빛은 '산 위의 도성'을 비추기 전에 먼저 우리의 길을 비춰야 한다. 개인적으로 경건생활을 하지 않는다면, 그의 입술도 닫힐 수밖에 없다. 그리고 세상은 그의 말에 귀 기울이지 않을 것이다.


## 교수법

1970년대 후반과 1980년대 초반에 내가 받은 교육은 기존의 대안 교육과 비교할 때 매우 급진적이었다. 오히려 이제는 가정에서의 제자도(Home Discipleship)가 훨씬 급진적이다. 하지만 우리는 이제 혼자가 아니다. 교육의 자유를 위해 같은 길을 선택한 가정이 수없이 많다. 공교육에 자녀를 맡기는 '거대한' 흐름을 거스르면 마찰을 겪을 수밖에 없지만, 난 그것이 시도할 가치가 있는 일임을 증명할 수 있다.

내가 가정교육을 통해 얻은 가장 의미 있는 도구는 아마도 배우는 능력일 것이다. 배우는 능력을 갖춘 아이는 사실상 무엇이든 성취할 수 있다. 우리 어머니는 다음과 같은 철학을 갖고 계셨다.

"아이들에게 읽는 법을 가르쳐라. 그러면 그들은 알아야 할 모든 것을 배울 능력을 소유하게 될 것이다."

어머니는 우리가 학교 교과서에 담긴 내용 전부를 알 필요는 없다고 생각하셨다. 자녀의 머릿속을 지식으로 가득 채우려고 자신을 혹사하지도 않았다. 그분은 우리에게 올바른 도구를 주고 배우는 방법을 가르치는 데 더 관심을 기울였다. 우리는 공교육 커리큘럼과 시간표를 따라 공부하지 않았다. 시중에는 '자녀가 무엇을 언제 알아야 할지' 가르쳐 줄 책이 무수히 많이 나와 있다. 어머니는 우리에게 답을 찾는 방법과 그 답이 실제로 언제 필요한지 알아야 한다고 분명히 말씀하셨다. 머릿속을 무한한 지식으로 채워야만 성공할 수 있는 것이 아님을 알고 계셨던 것이다.

## 어른이 배우는 방식

어른은 어떻게 질문의 답을 찾는가? 전에는 사전과 백과사전, 도서관을 뒤졌고, 이제는 인터넷 세상을 돌아다닌다. 교과서도 들고 다니지 않는다 (교과서를 갖고 다니는 사람이 있다면 실로 걱정스러운 일이다). 사실 정규 교육을 마친 뒤에도 교과서를 사용하는 경우는 아주 드물다. 우리는 왜 아이들에게 현실에서의 배움에 관해 아무 준비도 해 주지 않는 인위적 체계에 들어가 공부하라고 강요하는가? 왜 그들이 나중 - 어른이 된 뒤 - 에 정보를 찾기 위해 사용하게 될 방식을 가르치지 않는가?

교과서가 전적으로 잘못되었다는 이야기가 아니다. 나도 그것들을 직접 사용해보았다. 그러나 실제 삶에서 배울 수 있는 기능적 방식이 더 중요하다.

## 행함으로 연구하고 배우기

어릴 적 우리는 역사(예를 들면, 국가 간의 전쟁)를 배우고 싶을 때, 장군들의 전기를 읽거나 게티스버그(Gettysburg, 미국 펜실베이니아주의 마을로 남북전쟁 당시 전투지로 알려져 있다 - 역자 주) 같은 전쟁터를 방문하곤 했다. 우리는 체험을 통해 직접 배웠고, 배움을 - 견디는 대신 - 즐긴 덕분에 더 풍성한 지식을 얻었다. 우리는 박물관에 가고, 역사 유적지를 방문하고 지리 게임을 하고 자연에 관한 잡지를 읽었다. 여동생들은 분수를 배우려고 빵을 굽거나 파이를 만들기도 했다. 어머니는 계량컵 사용법과 레시피 응용법을 그들에게 가르쳐주시곤 했다. 이런 방식으로 우리는 머릿속에만 있는 추상적 지식이 아니라 실제적이고, 사용 가능한 지식을 습득할 수 있었다.

교수 개념을 적용 가능하고 실제적인 삶의 기술과 연결하는 것은 멋진 아이디어이다. 자동차 정비에 관해 속속들이 배울 가장 좋은 방법은, 차를 직접 고쳐보는 것이다. 전통적인 '학교 공부'(School Work)처럼 보이지 않을 수 있지만, 그것은 이론적 자료보다 훨씬 실용적이다.

나는 우리가 관습에 도전해야 한다고 늘 느끼고 있다. 우리는 자신이 참여하는 모든 활동을 평가하고, 새로운 영역에서도 다른 선택의 여지를 고려해봐야 한다. "늘 그렇게 해왔다"라는 이유로 과거의 선택과 행동을 답습해서는 안 된다. 하나님은 영적으로, 그리고 학문적으로 우리를 위해 더 좋은 것을 예비하신다. 하지만 우리 쪽에서도 유연하게 새로운 방식을 배우려는 자발적 의지를 갖춰야 한다.


## 성품 함양을 강조하라

하나님은 지금의 나를 빚으시려고 홈스쿨을 사용하셨다. 단지 집에서 공부를 가르치는 것만으로는 부족하다. 부모는 아이가 객관적이고 성경적인 관점으로 세상을 보도록 가르치고, 그들에게 진심으로 하나님을 사랑하는 본을 보여야 한다.

그리스도인 부모는 아이에게 배우는 법을 가르치고, 왜곡되지 않은 사실을 취해서 그로부터 확신을 얻을 수 있게 도와야 한다. 또한 아이들이 무엇을 믿을지, 그것을 왜 믿어야 할지, 그런 신앙을 사람들 앞과 사회에서 어떻게 표현해야 할지 깨닫도록 도와야 한다. 이것이 바로 진정한 교육이다. 이에서 모자란 것은 그것이 무엇이든 시간 낭비에 불과하다.

주님께서 말씀하신다. "오너라! 우리가 서로 변론하자" 사 1:18 중에서

그런데 이른바 '풀려난 노예들의 회당'에 속한 이들이 스데반을 상대로
논쟁을 벌였다. 그들은 구레네와 알렉산드리아 회당에서 온 이들과,
길리기아와 아시아에서 온 이들이었다. 하지만 그들은 스데반의 말에
영적 위력이나 현실에 와 닿는 지혜가 가득해 전혀 상대가 되지 않았다

행 6:9-10

바울은 늘 하던 대로 회당에 들어갔다. 그는 세 안식일 동안 성경을 펼쳐놓고
그들과 토론하면서, 그리스도가 죽었다가 다시 살아나야만 했다는 것을
증명하기 위해 성경 말씀을 인용하며 설명했다. 그는 이렇게 결론지었다.
"내가 여러분에게 전하고 있는 이 예수가 하나님의 그리스도입니다!"

행 17:2-3

바울은 안식일마다 회당에서 말씀을 전하며 유대인과 그리스인을
설득하려고 애썼다

행 18:4

이성이 사회에서 아무런 중요성도 갖지 않게 되면,
다음 세대에 비이성의 논리가 구현될 것이다. 라비 재커라이어스 1)

# 이성의 중요성

부모가 자녀에게 줄 수 있는 가장 중요한 도구는 논리적 사고력을 열어 줄 열쇠다. 실제로 그 능력을 주시는 분은 하나님이지만, 부모도 자녀가 이성의 문을 열도록 도울 수 있다. 현대인들은 비이성의 소굴에서 뒹굴고 있다. 나는 그런 현상을 매일 보는 데 구역질이 난다. 그리스도인 부모는 자녀가 자유로운 매체에서 쏟아져 나오는 사상의 물결을 잘 헤쳐가도록 도와야 한다.

우리는 늘 광고, TV, 라디오, 신문, 인터넷 등의 폭격 가운데 살아간다. 세상은 끊임없이 사상을 팔고, 중립적 매체는 존재하지 않는다. 모든 매체는 특정 방식으로 사물이나 상황을 봐야 한다며 끊임없이 대중을 설득한다.

기독교 토크쇼 진행자이자 'USA 라디오 네트워크'의 설립자인 말린 매덕스(Marlin Maddox)는 이렇게 말했다.

"뉴스는 역사와 같다. 그것은 우리가 이미 진리라고 알고 있는 것을 통해 번역된다. 이 뉴스 저널리스트는 노골적인 세속적 인본주의자일 수 있고, 다른 저널리스트는 기독교 세계관을 견지하는 사람일 수 있다. 둘 다 같은 사실에 접근한다. 둘 다 가능한 한 공정하고 정직하게 사실에 접근하려고 노력한다. 하지만 그들은 이 과정에 영향을 미치는 자신의 세계관을 부정할 수 없으며, 그 결과는 뉴스를 선택하고 해석하는 데 영향을 미칠 것이다." 2)

모든 사람은 무언가를 팔고 있다. 회사는 상품과 함께 사상과 철학을 판매한다. 예를 들어, MCI(미국 장거리 전화 전문업체 - 역자 주)는 이런 광고를 내보낸다.

"유토피아에는 성별이 없습니다."

이것이 장거리 전화 서비스와 무슨 관련이 있는가?

## 자유주의가 작동하는 법

마케팅 일을 해본 적이 있기 때문에 나는 이 개념이 어떻게 작용하는지 잘 알고 있다. 모든 판매 활동의 전제는 "이 제품을 사면 더 부자가 되고 더 건강해지고 더 똑똑해지고 더 효율적으로 살게 되고 더 매력적인 사람이 되며, 더 성공적인 인생을 살게 됩니다"라고 소비자를 설득하는 것이다. 이것은 '행복'으로 요약할 수 있다. 우리는 행복해지기 원한다. 특정 회사의 제품을 사거나 서비스를 받으면 더 행복해질 거라는 확신이 생기면, 당신이 그 제품을 사고야 말 거라는 사실을 그 회사는 잘 알고 있다.

대중매체는 편견을 갖고 있다. 그것은 특정 사상을 강요하고, 사람들은 그 사상을 구매한다. 세속적인 내용을 담은 교과서도 마찬가지다. 그 안에는 자녀들에게 결혼 전까지 성관계를 갖지 않고 기다리는 것보다 지금부터 성욕을 분출하며 내키는 대로 즐기는 것이 훨씬 재미있다고 권하는 내용이 실려 있다. 또한 진화론이 사실이라고 가르친다. 기독교는 독단적이고 엄격한 종교이며, (하나님이 아니라) 우리가 직접 규칙을 정한다면 훨씬 더 즐기며 살 수 있다는 확신을 심어주고 있다.

## 아이들을 어떻게 준비시킬 것인가

우리는 사상의 전쟁터 한가운데 살고 있다. 그래서 우리는 자녀들을 논리적으로 준비시켜야 한다. 무엇이 옳고 무엇이 그른지 알려주는 것만으로는 충분하지 않다. 옳은 선택을 내리며 살아가려면 논리적으로 사고하는 법을 배워야 한다.

도덕적 선택을 가르치는 것은 '파닉스'(Phonics)와 아주 비슷하다. 물론 당신은 도덕적 선택과 파닉스가 무슨 상관이 있는지 궁금할 것이다. 부디 잠시 내게 귀 기울여주기 바란다.

총체적 언어학습법(Whole-Language)이나 '보고 말하는' 읽기법(Look-Say Method)을 배울 때, 아이들은 암기한 단어는 어떤 것이든 읽을 수 있게 된다. 문제는 그들이 전에 전혀 본 적 없는 낱말을 접하게 되었을 때다. 그들은 철자를 어디에서 끊어 읽어야 할지 모른다. 파닉스 방법을 통해 아이들은 기술(Technique)을 익히고, 어떤 낱말이든 발음할 수 있게 도와줄 보편적 규칙(Universal Rules)을 알게 된다.

부모가 무엇을 믿어야 할지 알려주고 해야 할 것과 하지 말아야 할 것의 목록만 기억하게 한다면, 자녀는 그 목록에 없는 상황에 부딪힐 때 잘못된 선택을 내릴 수 있다. 그러므로 아이들에게 논리적으로 생각하는 법을 가르쳐주는 것은 매우 중요하다.

우리는 하나님으로부터 시작한다. 논리 법칙이 적용되는 것은 하나님이 그것을 만드셨기 때문이다. 논리의 창조자이신 하나님은 논리 법칙에 구속받지 않으신다. 이 법칙은 하나님의 행하심에 관한 정책을 지시하지만, 결코 그분을 굽어보지 않는다. 예를 들어, 하나님은 말씀으로 무(無)에서부터 세상을 창조하셨다. 이것은 과학적으로나 논리적으로 불가능한 일이다. '엑스 니힐로, 니힐로 핏'(Ex Nihilo, Nihilo Fit, '아무것도 없는 상태에서는 아무것도 나오지 않는다'라는 뜻의 라틴어 문구 - 역자 주)이기 때문이다. 어떤 사람들은 하나님이 존재하지 않는다는 것을 입증하기 위해 논리 법칙을 사용하려고 노력한다. 그들은 무에서 무언가가 나오는 것은 과학적으로나 논리적으로 불가능하다고 주장한다. 그들은 논리 법칙을 통해 초자연적 창조를 무시하려고 한다. 그런 시도는 아무 소용이 없다. 논리는 하나님으로 말미암았다. 즉, 그분을 떠나서는 아무것도 이해할 수 없다.

아이들에게 논리적으로 생각하는 법을 가르칠 때 새겨두면 좋을 열두 가지 기본 규칙을 제시하려고 한다. 논리적이고 이성적인 사고에 관한 종합 지침은 아니지만, 여러분에게 도움이 되면 좋겠다.

## 규칙 1. 여호와를 경외하는 것이 지혜의 근본이다

아이들은 따라갈 특정 전제 없이 이성적 결정을 내릴 수 없다(지도와 숙달된 생존 기술 없이 아이 혼자 광야로 보내는 것은 매우 위험한 일이다. 그런데 많은 부모가 자기도 모르게 영적인 영역에서 그렇게 하고 있다). 모든 전제 중에 가장 기본적인 것은 하나님의 존재다 히 11:6.

이 신앙은 믿음의 행동이다. 하지만 그것 없이 우리는 의미 있는 삶을 살 수 없다. 이것은 매우 중요하다.

그런 다음에, 하나님은 사람에게 말씀하셨다. "주님을 경외하는 것이 지혜요, 악을 멀리하는 것이 슬기다" 욥 28:28.

주님을 경외하는 것이 지혜의 근본이다. 주님의 계명을 지키는 사람은 바른 깨달음을 얻으니, 영원토록 주님을 찬양할 일이다 시 111:10.

아이들아, 내 말을 받아들이고, 내 명령을 마음 속 깊이 간직하여라. 지혜에 네 귀를 기울이고, 명철에 네 마음을 두어라. 슬기를 외쳐 부르고, 명철을 얻으려고 소리를 높여라. 은을 구하듯 그것을 구하고, 보화를 찾듯 그것을 찾아라. 그렇게 하면, 너는 주님을 경외하는 길을 깨달을 것이며, 하나님을 아는 지식을 터득할 것이다. 주님께서 지혜를 주시고, 주님께서 친히 지식과 명철을 주시기 때문이다 잠 2:1-6, 이 외에 잠 9:10, 10:27, 14:27, 15:33, 16:6, 19:23, 22:4도 참고하라.

우리는 경외하는 마음으로 하나님을 존중하고 두려워해야 한다. 가정에서 아버지는 하나님 아버지의 마음을 보여주며 아이에게 훌륭한 모범을 제시할 수 있다. 아이들이 하나님을 무서워하여 공포 가운데 살면 안 된다. 오히려 그들은 하나님이 하늘에 계신 아버지이심을 배워야 한다. 부모가 하나님의 성품을 보일 때, 아이들은 더 쉽게 하나님을 경외하는 마음을 품을 수 있다.

### 규칙2. 모든 진리는 하나님의 진리다

모든 진리는 하나님에게 속해 있다. 그릇된 생각은 하나님의 것이 아니다.

주님의 교훈은 완전하여서 사람에게 생기를 북돋우어 주고, 주님의 증거는 참되어서 어리석은 자를 깨우쳐 준다 시 19:7.

반면에 거짓과 속임수는 거짓의 아비인 사탄에게서 나왔다 요 8:44.

일부 철학자들은 진리가 하나님을 떠나 존재한다고 주장해왔다. 그들은 하나님의 존재를 믿지 않는다. 하지만 그들은 객관적으로 알 수 있는 것이 존재한다고 믿는다. 그런 이론은 절대 불가능하다. 그런 믿음을 가진 '위대한 사상가'(Great Thinker) 중 많은 사람이 비참하고 고통스러워하는 바보(Fool)가 되어 세상을 떠났다. 심지어 그중에는 미치광이가 된 사람도 많다. 당신도 알다시피, 진리를 믿으면서 하나님은 믿지 않는 사람은 끊임없이 정신적 고통을 겪게 될 것이다. 하나님의 본질을 떠난 이들은 객관적 진리를 믿는 것에 관한 이성적 기초를 소유할 수 없다. 이 같은 이분법 사고는 끝내 정신이상을 불러일으킬 수밖에 없다.

옳고 그름을 판단하는 일반적이고 절대적인 기준이 없으면, 아무것도 입증할 수 없다. 삶과 이성적 사고는 그 의미를 잃고 죽음만이 유일한 탈출구가 될 것이다. 모든 참된 것은 하나님이 거기 계신다는 것을 의미한다.

### 규칙 3. 옳고 그름을 판단하는 기준은 하나님이다

하나님을 '하늘에 계신 덩치 큰 경찰관'으로 생각하는 아이들이 많다. 그들 관점에서 하나님은 그분의 법 중 하나라도 잊어버리면 머리를 쥐어박으려고 곤봉을 든 채 우리를 감시하신다. 얼토당토않은 생각이다. 왜 아이들이 하나님에 관해 이런 이미지를 갖게 되었을까? 나는 하나님의 계명을 통해 그분이 어떤 분인지 알 수 있다는 것을 아이들이 모르기 때문이라고 생각한다. 우주를 창조하셨을 때, 하나님은 그분이 창조한 모든 것이 너무 보기 좋다고 감탄하셨다 창 1:31.

그분은 우주의 질서 가운데 자연법칙을 세우셨는데, 모두 좋은 것들이었다.

하나님은 빛이며 그분께는 어두운 그림자가 있을 수 없습니다 요일 1:5 중에서.

하나님이 창조하신 만물이 그분의 선한 본질을 완벽하게 표현하기 때문에, 그분의 창조물은 당연히 좋을 수밖에 없다 롬 1:20. 인간이 범죄 했을때, 하나님이 세우신 자연법칙의 완벽한 질서도 깨지고 말았다. 그분의법칙 중 특정 부분 - 예를 들어, 중력 법칙 - 은 계속 유지되었지만, 더는 자연이 하나님 성품을 실제로 반영한다고 볼 수 없게 되었다. 세상은 더럽혀졌고 창조자보다 인간이 더 드러나는 그림이 되고 말았다. 오늘날 세상에 악이 존재하는 이유는 하나님이 악한 분이어서가 아니라, 우리가 우리조상 아담처럼 죄를 짓기로 선택했기 때문이다.

이렇게 악이 날뛰는 세상 때문에 하나님은 인간이 따라야 할 법을 명하셨다. 그분의 법은 인생을 고단하게 만들려고 마음대로 정한 규칙이 결코아니다. 그것은 하나님의 거룩한 성품을 드러내고 사람들을 보호하고 유익하게 하려고 고안된 것이다. 말씀을 통해 그분의 성품을 드러내신 하나님이야말로 모든 일반 진리와 인간 행동의 기준을 정하는 '진북'(True North, 지표면에서 모든 경도선이 만나는 지리적 북극 - 역자 주)이시다.
시편기자는 이렇게 진술한다.

주님의 교훈은 완전하여서 사람에게 생기를 북돋우어 주고, 주님의 증거는 참
되어서 어리석은 자를 깨우쳐 준다 시 19:7.

시편 19편은 당신의 자녀에게 암송을 권할 만큼 귀하고 아름다운 말씀
이다. 이 본문은 하나님 율법의 중요성을 명확하게 보여줄 뿐 아니라, 그
것이 선하고 순전하다는 것도 강조한다. 우리 아이들이 하나님의 법을 사
랑하게 되면 좋겠다. 다윗 왕은 이렇게 말했다.

내가 주님의 법을 얼마나 사랑하는지, 온종일 그것만을 깊이 생각합니다 시
119:97.

이 외침이 우리 모두의 외침이 되면 좋겠다 시 119:165.

## 규칙4. 성경은 인간에게 거룩하게 계시된 하나님 말씀이다

성경 원문에 오류가 없다는 것을 이해하지 못하면, 아이들은 자신의 신
앙을 적절히 방어할 수 없게 될 것이다. 성경은 단순한 책이 아니다. 그것
은 모든 영원한 진리의 원천을 계시한다. 성경과 관련해서 아이들은 다음
세 가지 사항을 반드시 알아야 한다.

첫째, 성경은 역사적으로 입증할 수 있으며, 원문 비평(Textual Criticism)의 기준을
능가한다.

둘째, 성경은 그 내용에 일관성이 있으며, 개인의 다양성이 드러나면서도 전체적 통일성을 유지하고 있다.

셋째, 성경은 전적으로 성령의 영감을 통해 이루어졌고, 결코 인간의 의견이 아니다. 벧후 1:16-21, 딤후 3:16.


젊은이들은 성경이 코란이나 유교, 불교의 가르침과 어떻게 다른지 설명할 수 있어야 한다. 성경은 단지 스스로 그렇게 주장하기 때문에 진리가 된 것이 아니다. 코란도 스스로 진실이라고 주장한다. 위에 열거한 세 가지 사항은 오랜 세월 회의론자들의 도전을 받아왔다. 하지만 누구도 그것이 거짓이라고 입증하지 못했다. 그들은 성경의 역사성과 내적 일관성, 수천 년 동안 사람들을 변화시켜왔다는 사실에 맞서 논쟁할 수 없었다.

아이들은 기록된 말씀인 로고스(Logos)를 공부하는 법을 배워야 한다. 그들은 그 출처와 성경의 정경화 과정, 다양한 번역본 간의 차이를 이해해야 한다. 그러나 성경에서 가장 중요한 부분은 역사성이 아니다.

성경은 단지 깊은 사상이 담긴 격언이나 영감을 주는 평범한 말이 아니다. 그것은 인간에게 계시된 레마(Rhema), 즉 '살아계신' 하나님의 '살아있는' 말씀이다. 성경은 그 원리를 삶에 적용하려 할 때만 우리에게 유익을 준다.


## 규칙5. 성경에서 하나님은 두 가지 방법으로 그분의 법을 계시하신다

**직접적인 계명을 통해 그분을 계시하신다** 직접적인 계명의 예는 '도둑질

하지 말라' 같은 말씀에 나타나 있다. 이것은 절대 진리다. 그것은 중요하지 않은 임의의 법이 아니다. 그것은 하나님의 본질과 그분이 진리이심을 드러낸다. 그것은 하나님의 성품이 완전히 정직하시는 것을 의미한다. 하나님은 거짓말하실 수 없다. 그것은 그분에게 불가능한 일이다 히 6:18. 우리가 그분의 형상으로 살아가기 원하시기 때문에, 하나님은 직접적인 계명을 주신다. 그래서 우리는 무엇이 그분의 성품과 일치하는지 알게 될 것이다.

**기본 원리들을 통해 그분을 계시하신다** 하나님이 특정 문제에 관해 직접적으로 말씀하지 않을 때도 있다. 그런 경우, 하나님이 그 주제에 관해 침묵하시거나 아무 의견이 없으신 것처럼 보일 수 있다. 하지만 그렇지 않다. 하나님 말씀은 우리를 지도해줄 중요한 원리를 알려준다. 예를 들어, 성경에는 '마약을 복용하지 말라'라는 말씀이 없다. 대신 성경은 이렇게 말한다.

여러분의 몸은 성령의 전이라는 것을 잊었습니까? 성령은 여러분 안에 거하시고 성령은 하나님이 주신 선물입니다. 그리고 여러분의 몸은 여러분의 것이 아니라는 것도 잊었습니까? 하나님은 값을 치르고 여러분을 사셨습니다! 그러니 여러분은 몸으로 하나님께 영광을 돌리십시오 고전 6:19-20.

우리는 하나님 성품에 관해 더 많이 배우고, 자신을 통해 그분의 본질을 드러내기 위해 성경을 면밀히 살펴야 한다.

## 규칙6. 우리 사회가 옳고 그름을 판단하기 위해 사용하는 세 가지 기준이 있다

1. **과반의 법칙** 미국 사회를 떠들썩하게 한 비논리 사례들을 살펴보자.

첫 번째는 계속해서 절대 도덕성의 결여를 드러내던 클린턴(Bill Clinton) 당시 미국 대통령이 1997년 발표한 인간 복제 관련 성명이다. 동물 복제는 계속 허용할 수 있지만 인간 복제는 5년 후로 연기하겠다는 내용이었는데, 당시 미국 문화에서는 인간 복제 연구가 도덕적으로 옳지 않은 것으로 여겨지기 때문이라는 이유였다.

다른 말로 하면, 이것은 미국인 아닌 사람이 미국 영토 아닌 곳에서 열심히 인간 복제를 연구하는 것은 괜찮다는 의미로 해석할 수 있다. 게다가 5년 안에 인간 복제가 도덕적으로 아무 문제 없다는 쪽으로 미국인들의 정서가 옮겨갈 수도 있다. 그때는 누구도 인간 복제가 잘못이라고 하지 않을 것이다(어쩌면 미국인 대다수가 그것을 원할 수 있기 때문이다).

두 번째 사례는 - 역설적이지만 - 하나님 말씀과 관련해서 기독교 안에서 일어났다. 1997년 기독교 출판사들은 중성(中性) 용어를 포함하는 대중적인 성경을 펴낼 계획을 세우고 있었다. 하지만 미 전역의 그리스도인들로부터 항의 편지가 쇄도했고, 결국 그들은 출판 계획을 연기하고 말았다.

이는 민주적 사고의 결과다. 우리 사회는 특정 이슈가 올바른지 여부를 대중의 여론에 맡기는 경향이 크다. 인간 복제도 마찬가지다. 절대 진리는 모든 사람에게 모든 곳에서 언제나 적용된다(사족을 붙이자면… 중성 표현이 보다 정확한 번역이고 하나님 말씀을 진실로 반영한 것이었다면, 모두가 반대한다 해도 성경을 출판했어야 했다).

**2. 개인은 옳고 그름을 자율적으로, 스스로 결정한다** 미국인들은 감정을 따르라고 교육받아 왔다.

"좋게 느껴지면 하라."

그리스도인으로서 우리는 절대 도덕에 따라 사는 것을 배워야 한다. 감정 기복에 따라 이리저리 흔들려서는 안 된다. 복음주의 교회에 출석하는 청년 중 절반 가까이가 사랑한다면 혼전 성관계를 해도 괜찮다고 응답했다는 조사 결과를 어떻게 받아들여야 할까? 3)

독일의 철학자 임마누엘 칸트(Immanuel Kant)는 지적인 이성 홀로 도덕을 지시해야 한다고 주장했다. 그에 따르면 우리에겐 하나님이 필요없다. 위대한 실존주의 철학자 키에르케고르(Søren Aabye Kierkegaard)는 믿음이 중요하지만, 그것이 이성과 연결되면 안 된다고 말했다. 그의 관점에서 그것은 전체 목적(Whole Purpose)에 어긋난다. 그 목표는 현실로부터 완전히 분리된 당신 자신의 도덕적 나침반, 즉 존재적 믿음을 갖는 것이었다. 물론 이 두 사람의 철학은 엇비슷하다.

니체는 이렇게 말했다.

"신이 죽는다면 우리는 우리가 원하는 방식으로 마음껏 살 수 있다."

우리는 도처에서 상황 윤리와 가치 명료화의 예를 보고 있다. 거기에서는 하나님 말씀이 아니라 우리의 안위와 개인적 선호도를 바탕으로 결정이 이루어진다.

이것은 인간이 신이 되기 원하는 예다. 그들은 자기 삶의 주인이 되어 스스로 지침을 내리기 원한다. 이 얼마나 위험하고 오만한 태도인가. 참된 하나님만이 그런 속임수에서 우리를 건져주실 수 있다.

**3. 언제 어디서 누구에게나 적용되는 우주적 절대 진리가 있다** 문화 상대주의자(Cultural Relativist)들의 주장에도, 진리는 대다수 사람들이나 개인의 자의적 소원에 의해 정해지지 않는다. 그것은 내 느낌이나 신념에 기초하지 않는다. 특정 대상에 관한 내 믿음이 그것을 참되게 만들지 않는다. 진리는 초월적 제1원인, 즉 모든 진리의 화신의 본질에 의해 결정된다. 그가 세운 법은 모든 사람에게 모든 곳에서 어느 때나 참되다.

중력의 법칙은 모든 문화와 모든 종족, 모든 종교의 사람들에게 적용된다. 당신과 불가지론자와 무신론자가 함께 고층 빌딩 옥상에 올라간다고 해보자. 당신은 중력의 법칙을 믿고, 불가지론자는 믿는 것이 불분명하며, 무신론자는 전적인 회의론자다. 세 사람이 함께 손을 잡고 까마득한 빌딩 아래로 뛰어내린다. 무슨 일이 벌어질까? 모두 추락사할 것이다. 이것은 절대 진리다. 진리는 우리 믿음에 의존하지 않으며 사람과 문화를 가리지 않는다.

### 규칙7. 부모는 신적 진리의 창시자가 아니다

아이를 가르치는 중에 특정한 일을 하게 하는 것은 적절할 수 있지만, 부모가 말했다는 이유만으로 그것이 참이라고 하는 것은 결코 합당하지 않다. 예를 들어 보겠다. 어느 가족이 멀리 떨어져 사는 할머니 댁에 가는 중이다. 아이들은 뒷좌석에서 소란을 떨고 있다.

"다음 휴게소에서 좀 놀아도 돼요?"

아이들이 아빠에게 물었다.

"안 돼."

아빠는 뒤를 쳐다보지도 않고 대답한다.

"왜요?"

아이들이 다시 묻는다.

"내가 아빠니까. 내가 안 된다고 했잖니!"

솔직히 이런 식의 대답은 권할 만한 것이 아니다. 아빠는 너무 피곤해서 어두워지기 전에 할머니 댁에 도착하고 싶다고 자세히 설명할 수 없었다. 아이들에게 자세히 설명하기 어렵거나 귀찮아서 이런 식으로 대답하는 부모가 많이 있다. 가장 좋은 접근 방식은 아니지만, 이것이 적절할 때도 있다. 동기부여를 위해 일일이 설명하지 않고, 아이에게 가장 좋은 것을 결정해줄 권리가 부모에게 있기 때문이다. 아이들은 부모의 명령에 즉각 순종해야 한다. 나는 지금 부모에게 일상의 매순간 아이와 깊은 철학적 대화를 나누라고 제안하는 것이 아니다.

그러나 부모가 말했다는 이유만으로 그것이 참이라고 주장하는 건 전적으로 잘못이다. 친구들과 공포 영화를 보러 가고 싶은 십 대 청소년이 있다. 그러나 부모인 당신은 가지 말라고 한다(이것은 부모로서 당신의 합당한 권리다). 아이가 묻는다.

"왜 갈 수 없나요?"

"그 영화는 악한 것이기 때문이야. 그리고 난 네가 늦게까지 밖에 있는 걸 원하지 않아."

"영화 보러 가는 게 왜 죄짓는 거예요? 친구들은 모두 간단 말이에요! 왜 그게 잘못인데요?"

"내가 잘못된 거라고 했으니까 잘못된 거야. 딴소리 말고 당장 네 방에 들어가!"

이 부모는 철저히 회피하는 방식을 사용하고 있다. 다섯 번째 규칙을 알려주어 무가치하고 악한 것에서 눈을 떼라는 말씀 시 101:3절 상반절 을 일깨워주는 대신, 그들은 자녀에게 논리적으로 생각하도록 가르치기를 거부했다. 무엇이 진리인지 스스로 결정하면서 그들은 부지불식간에 자신을 하나님 자리에 올려놓은 것이다.

다시 말하지만, 이것은 부모가 자녀에게 주는 모든 가르침을 일일이 설명해야 한다는 이야기가 아니다. 하나님도 특정 사건 이면에 있는 정보를 자세히 제공해주지 않으시고 전적 순종과 신뢰를 그냥 요구하실 때가 있다. 욥에게 물어보라!

그러나 그렇게 하는 것이 합리적일 때는, 당신이 가르친 내용 이면에 있는 성경적 원리를 자녀들에게 설명하라. 그렇게 하면 아이들은 자신도 하나님께 설명할 의무가 있는 사람이라고 생각할 것이고, 부모의 변덕스런 선호에 매이지 않을 것이다.

## 규칙8. 무모순율(Law of Non-Contradiction) : 어떤 것이 참되다면, 동일한 시간과 동일한 지각 안에서 거짓일 수 없다

진리에 관한 주장을 평가할 때, 어떤 것이 부인할 수 없는 참이라면 그 반대는 참이 될 수 없다는 사실을 이해해야 한다. 지구가 둥글다면, 동일한 시간과 동일한 지각 안에서 평평할 수 없다. 그럴 수 있다고 하는 것은 논리를 전적으로 무시하는 짓이다(그것은 둥글거나 평평하지 않은 타원형일지 모른다. 하지만 그것은 자가당착에 빠질 수 없다). 무모순율(특정 대상에 대해 동일한 관점으로 긍정하는 동시에 부정하는 것은 불가능하다는 논리학 법칙 중 하나 - 역자 주)을 종교 연구에 어떻게 적용할 수 있는지 알아보자.

뉴에이지 종교는 모든 종교가 참이라는 전제를 바탕으로 한다. 이 포괄성이 가진 호소력은 엄청나게 많은 사람에게 폭넓게 다가간다. 우리는 누구에게도 틀렸다고 말해서는 안 된다. 모든 사람의 견해가 옳고 타당하기 때문이다. 이런 식의 추론은 '이성'의 변증법적 체계로 알려져 있다. '이것 아니면 저것'이라고 하는 대신, 동시에 둘 다 주장한다. 이렇게 정반합에 기초한 논리 체계를 발달시킨 철학자가 바로 헤겔(Georg Wilhelm Freidrich Hegel)이다. 이런 상대주의적 사고방식에 의하면 불교, 이슬람교, 힌두교, 기독교 모두 똑같이 참되고 타당하다. 하지만 그것은 터무니없는 관점이다. 진리는 배타적이기 때문이다.

다음은 그런 관점을 깨는 방법이다.

- 모든 종교가 똑같이 참되다면, 기독교도 타당한 종교(하나님과 관련된 신앙
  체계)이므로 참되다.
- 기독교가 참되다면, 그것이 주장하는 바도 참되다.
- 기독교는 기독교만이 유일하고 참된 종교라는 배타적 주장을 펼친다 요14:6.
- 기독교가 유일하고 참된 종교라면, 예수님은 아버지 하나님에게 가는 유일한
  길이다.

딜레마가 보이는가? 뉴에이저들이 무모순율에 이르는 유일한 길은 기독교를 제외한 모든 종교가 참이라고 말하는 것이다. 하지만 바로 그 지

점에서 뉴에이지는 배타적 종교가 되어 호소력을 잃어버린다. 지적으로 솔직하지 않은 것이다. 당신의 아이들은 이렇게 서로 경쟁하고 있는 다양한 세계관을 분별할 준비가 되어 있는가?

라비 재커라이어스는 무모순율에 관해 이런 현명한 지적을 했다.

*"그것은 궁극적으로 진리가 아니라 거짓에 관한 테스트다. 어떤 진술은 모순이 없는데도 거짓일 수 있다."* 4)

예를 들어, '이슬람교가 유일하고 참된 종교'라는 주장이 있다. 이 진술은 그 구조에 오류가 없다. 하지만 우리는 여전히 그 사실성을 부인한다. 뉴에이지의 주장은 논리적 오류를 담고 있어서 그것이 참이 아님을 확신할 수 있다. 무모순율은 무엇이 참인지가 아니라 무엇이 거짓인지를 말해 주기에 충분하다. 무모순율은 자녀 교육에 꼭 필요하다.

## 논리

일부 그리스도인은 논리에 관한 가르침을 정당화하는 것을 어려워한다. 세속적인 상황과 세속적인 교수들 아래에서 그것을 배웠기 때문이다. 그들은 아이들에게 논리 가르치는 일을 회피한다.

그러나 부모로서 당신은 원하든 원하지 않든 아이들에게 특정 종류의 논리를 가르치게 될 것이다. 체계적 논리와 비체계적 논리 중 무엇을 가르치든, 문제는 '보다 적절하게 하는가'이다. 논리는 기본적으로 추론의 체계적 형태다. 라비 재커라이어스 박사가 말한 것처럼 논리는 우선 거짓된 것을 판단하는 데 유용하다. 그리고 그런 다음에 추론을 통해 참된 것을 세우는 데 도움이 된다. 거짓을 제거하기 위해 논리를 사용하려면 논증이 필요하다.

성경이 비난하는 다툼 딤후 2:23-24, 약 3:16, 빌 2:3과 싸움은 논증과 다르다. 부모들은 아이들이 다투게 내버려둬서는 안 된다. 또한 다른 사람과 친절하고 온유하게 대화하면서 토론 중에 상대를 배려하는 모습을 아이들에게 보여줘야 한다. 논리학에서의 논증은 친척과 지인들이 모인 자리에서 종교나 정치 문제로 벌어지는 열정적 토론과 다르다. 오히려 논증은 특정 입장에 대한 방어 또는 논리적으로 일관된 관점을 드러내기 위해 거짓을 배제하려는 체계이다. 여기에서 두 가지 논증 형태를 소개하려고 한다.

## 연역적 추리(Deductive Reasoning)

타당한 연역적 논증에서 전제가 참이면 결론도 반드시 참이다. 예를 들어보자.

보편적 명제(Universal Proposition) - 모든 사람은 죄를 범했다.

나는 사람이다.

특정 결론(Particular Conclusion) - 나는 죄를 범했다.


연역적 논증은 종종 보편적인 것에서 구체적이거나 개인적인 것으로 옮겨간다. 연역적 추리는 보편적으로 적용하는 절대 원칙과 법칙에 기초한다. 만약 특정한 것이 보편적인 것에 들어맞는다면, 보편적인 것에 적용하는 모든 것에 관한 주제가 된다.


# 귀납적 추리(Inductive Reasoning)


귀납적 논증에서 전제가 참이면 결론은 지지 추론(Supportive Inference, - 역자주)에 의해 참이 될 수 있다. 예를 들어보자.


특정 명제(Particular Proposition) - 나는 수학을 싫어한다.

조니는 수학을 싫어한다.

수지는 수학을 싫어한다.

보편적 결론(Universal Conclusion) - 모든 사람이 수학을 싫어한다.


귀납적 논증은 종종 구체적이거나 개인적인 것에서 일반적인 것으로 옮겨간다. 귀납적 추리는 개연성에 기초하며, 절대 확실한 것이 아니라 증거에 기초하여 참이 될 가능성이 많은 결론을 추구한다.

### 규칙9. 언제나 진리 주장에 도전하라

'서밋미니스트리즈'(Summit Ministries, 데이비드 노에벨 박사가 설립한 기독교 훈련 단체로, 성경적 세계관을 가진 그리스도인들을 준비시키며 내일의 지도자로 세우고 있다 - 역자 주) 전(前) 대표이자 오하이오 주 데이톤(Dayton)의 브라이언 대학(Bryan College)에서 가르치고 있는 제프 마이어스(Jeff Myers) 박사는, 진리를 주장하는 모든 이에게 던져야할 네 가지 질문이 있다고 주장한다.

다음 네 가지 질문은 그가 의사소통에 관해 저술한 ≪From Playpen to Podium≫(아기 놀이울에서 강단까지)에 실린 것들이다.

1. **그것은 무슨 뜻입니까?** 토론에서 가장 중요한 부분은 용어에 관해 공통의 정의를 내리는 것이다. 다른 사람이 특정 진술을 할 때 늘 그것이 의미하는 바를 정확하게 이해해야 한다.

2. **그것이 참이라는 것을 어떻게 압니까?** 나는 댄 래더(Dan Rather, 미국 CBS 방송국의 유명 뉴스 앵커 - 역자 주)에게 이 질문을 꼭 하고 싶다. 사람들은 종종 사실적 기초가 전혀 없는 진술을 한다.

3. **그 정보를 어디서 얻었습니까?** 누군가가 "인터넷에서 봤어요"라고 말

할 때는 그 이야기나 이론에 큰 허점이 있을 수 있다는 여지를 가져야 한다. 여러 곳에서 우리는 "최근 여론 조사에 따르면…"이라는 말을 자주 듣는다. 그럴 때 이렇게 질문해보자.

"얼마나 최근인가요?"

"얼마나 많은 사람이 조사에 참여했나요?"

"어떤 인구통계를 사용했나요?"

갑자기 당신은 그 사람과 동등한 수준에 놓이게 될 것이다.

**4. 당신이 틀리면 어떻게 되나요?** 제프 교수는 이것이 비그리스도인에게 물을 수 있는 가장 중요한 질문이라고 말했다. 이 질문을 받을 때 사람들은 자신의 신념을 전적으로 평가해보기 때문이다. 그들은 영원을 향한 우리의 여정에서 가장 중요한 것이 삶과 죽음에 관한 결정임을 깨달아야 한다. 전부 아니면 전무일 때 사람들 대부분이 경솔한 선택을 하지 않을 것이다.

### 규칙10. 믿음과 행동은 분리할 수 없다

무엇이 옳고 그른지 아는 사람은 하나님 앞에서 자신이 받아들인 진리에 순종해야 할 책임이 있다. 성경을 믿는다고 하지만 자신이 믿는다고 말하는 바에 따라 살아가지 않는 그리스도인이 많다 약 2:14, 4:17.

형제자매가 집 없이 떠돌아다니거나 굶주리는데 그들의 물질적 필요를 채워주기 위해 아무 노력도 하지 않는 그리스도인이 있다면, 그가 늘 말하는 사랑이란 도대체 어떤 것일까? 그러고 보면 옛 격언이 맞다.

"너무 큰소리로 말하면 말하는 내용이 들리지 않는다."

우리는 하나님의 법에 순종할 때에만 진정으로 그분을 안다고 온전히 확신할 수 있습니다. 하나님을 안다고 주장하면서도 그분의 법에 순종하지 않는 사람은 거짓말쟁이일 뿐 아니라 자기를 기만하는 사람입니다 요일 2:3-4.

믿음 없이는 하나님을 기쁘시게 할 수 없다 히 11:6. 사실 우리는 믿음으로 구원받는다.

여러분은 믿음을 통해 은혜로 구원을 받았습니다. 구원은 하나라도 여러분이 성취한 것이 아니라, 하나님이 값없이 주신 선물입니다 엡 2:8.

다음과 같이 믿음에는 두 종류가 있다.

**지식적인, 죽은 믿음** 죽은 믿음이란 믿는다고 말은 하는데 그것이 자신을 변화시키지 않는 믿음을 말한다. 이것은 야고보서 2장 14절에 등장하는 종류의 믿음이다. 그런 믿음으로는 구원에 이르지 못한다.

**우리를 변화시키는 살아있는, 구원하는 믿음** 이 믿음은 우리가 하나님의 자비를 의지하게 한다.

다섯 살 때 나무에 올라갔던 일이 생각난다. 가까스로 나무에 올라갔지만 내려올 수 없어서 쩔쩔매고 있었다. 3미터 정도 올라갔을 때 나는 도와달라고 크게 외쳤다. 한 사람이 달려왔는데, 그는 나무가 자신과 나 두 사람이 올라갈 만큼 튼튼하지 않다는 것을 금방 알았다. 그래서 그는 내게 뛰어내리라고 했다.

"내가 잡아줄게."

그가 말했다. 나는 이렇게 생각했다.

'다른 사람의 도움은 받지 않을 거야! 내가 직접 할래.'

그는 계속 뛰어내리라고 했지만 나는 그렇게 하고 싶지 않았다.

"떨어뜨리지 않고 잘 받아줄 테니 겁내지 마."

그는 차분하게 말했다.

"저도 알아요."

아래를 내려다보지 않으려 애쓰면서 대답했다.

"음, 그러면 뭐가 문제니?"


문제는 내가 수동적인 믿음을 갖고 있었다는 것이었다. 내게는 나를 구원할 믿음이 없었다. 몇 분 동안 마음속 씨름을 한 뒤에 나는 온전한 믿음의 도약을 하기로 마음먹었다. 물론 그 사람이 나를 안전하게 받아주었다.

당신도 알다시피, 나의 안전은 내가 믿는 대상에게 달려 있었다. 나를 받아주겠다고 약속한 사람이 일곱 살짜리 여동생이었다면, 그 조그마한 체구로 나무에서 떨어지는 내 몸을 감당할 수 없음을 알았을 것이다. 본질적으로 중요한 것은 믿음 자체가 아니었다. 중요한 것은 '그 대상을 향한' 믿음과, 믿는다고 고백한 대로 행하려는 자발적 의지였다.

우리는 참되다고 알고 있는 바에 순종해야 한다. 바로 그것이 하나님을 높여드리는 유일한 방법이다. 하나님 말씀에 순종하지 않으면, 그 말씀이 참되다고 정말로 믿지 않고 있는 것이다. 하나님 말씀이 참되다고 믿지 않는다면, 우리는 진정한 그리스도인이 아니다.

### 규칙11. 인과법칙(Cause and Effect) : 순종하면 복을 받고 순종하지 않으면 저주받는다

연역적 추론에서, 가언적(Hypothetical) 삼단논법의 법칙은 다음과 같다. "이것이 참이면, 저것도 참이다."

이 원리는 역사를 통해서도 쉽게 배울 수 있다. 황제와 왕조, 고대 문명을 살펴보면 '인과법칙'이 명백하게 드러나는 것을 볼 수 있다. 이교도 문명이 짧은 기간 세력을 떨쳤지만, 그 문명은 언제나 부패의 열매를 거둬들였다.

조금도 착각하지 마십시오. 여러분은 하나님을 속일 수 없습니다! 인생의 결과는 전적으로 무엇을 뿌렸는지에 달려 있습니다 갈6:7.

미국 침례회 목사인 팻 로버트슨(Pat Robertson)은 이것을 '상호관계 법칙'(Law of Reciprocity)이라고 부른다. 5) 당신이 ~한 일을 하면, ~한 일이 일어날 것이다. 당신이 ~한 일을 하지 않으면, ~한 결과가 벌어질 것이다. 맞는 말이다. 계약을 할 때, 의무사항이 전혀 없는 백지위임의 복을 약속하는 경우는 거의 없다.

문자 그대로 수백 가지 예를 열거할 수 있지만, 우리가 아는 좋은 예는 역대하 7장 14절일 것이다.

(만약) 내 이름으로 일컫는 나의 백성이 스스로 겸손해져서, 기도하며 나를 찾고, 악한 길에서 떠나면, 내가 하늘에서 듣고 그 죄를 용서하여 주며, 그 땅을 다시 번영시켜 주겠다.

성경에 나온 하나님의 약속을 가족과 함께 공부하고 있다면, 각각의 복과 연결되는 '만약'(If)과 '그러면'(Then)을 찾아보라(영어 성경에는 이 구절에 두 단어가 포함되어 있다 - 역자 주). 하나님은 신명기 여러 곳에서 궁극적으로 이렇게 말씀하신다.

"보아라, 나는 오늘날 너희 앞에 복과 저주를 둔다. 사망과 생명이 있다. 생명을 선택하라."

우리는 인간 경험이라는 열린 맨홀로 일부러 빠지지 않는다. 우리의 선택은 우리의 미래를 지시한다. 우리는 하나님께서 세워두신 자연법에 따라 살고 있다.

하나님의 인과 법칙에 깊이 간직된 '만약'과 '그러면'을 배우고 싶다면, 잠언과 전도서는 아이들이 공부하기에 아주 좋은 책이다. 그 안에 아주 실제적이고 예측 가능한 인과응보의 사례들이 있다.

### 규칙12. 진리 주장에 오류가 없는지 늘 살펴보라

기본적으로 논쟁에서 발생하는 두 가지 오류가 있다.

**형식적 오류** 이것은 논리의 형식적 법칙을 따를 때 나오는 실수와 관련 있다. 형식적 오류는 논쟁의 내용이 아닌 형식에 신경을 쓴다.

**비형식적 오류** 이것은 부주의하고 모호한 언어 사용으로 생기는 실수다. 이 오류들은 진리와 거짓이라는 문제와 직접 관계가 있다. 비형식적 오류는 논쟁의 내용에 신경을 쓴다.

연역적 논증에서 살펴보았듯이 전제가 참이면 결론도 참이다. 우리가 내린 결론이 타당하지 않다는 생각이 들면, 무엇이 잘못되었는지 결정하기 위해 전제들을 살펴볼 필요가 있다.

형식적 오류의 예를 들어보자.

전제A : 일부 부모는 자녀를 학교에 보내지 않고 집에서 가르친다(참 전제).

전제B : 코끼리는 커다란 귀를 갖고 있다(참 전제).

결론 : 여성을 사역자로 임명해야 한다(거짓 결론).

무슨 일이 생겼는가? 이 논증의 문제는 전제가 서로 관련 없다는 데 있다. 따라서 이것은 타당하지 않다.

비형식적 오류의 예는 다음과 같다.

전제A : 성경은 "살인하지 말라"라고 말한다(참 전제).
전제B : 사형은 범죄자를 죽이는 것이다(참 전제).
결론 : 따라서 우리는 사형을 허용하지 말아야 한다(거짓 결론).

무슨 일이 생겼는가? 이것은 그리스도인 대부분의 말문을 막는 종류의 논증이다. 결론이 거짓이므로 하나 이상의 전제가 거짓임에 틀림없다. 어느 전제가 잘못된 걸까? 그런데 두 전제 모두 참이다.

문제는 용어의 '모호성'이다. 전제A에서 '죽이다'라는 말이 의미하는 바는 무엇인가? 성경은 우리에게 아무 것도 '죽이지 말라'라고 가르치는가? 그렇다면 밭에서 채소를 뽑는 것은 괜찮은가? 그것은 식물을 죽이는 일 아닌가? 풀밭의 독사를 죽이는 건 어떤가?

'죽일 때'가 있다는 말씀을 보면, 성경이 죽이는 행위 자체를 비난하지 않는다는 것을 분명히 알 수 있다 전 3:3, 출 21:12. 제6계명에서 비난하고 있는 것은 살인, 즉 무고한 사람의 목숨을 부당하게 취하는 것이다.

그래서 전제A는 잘못된 해석으로 특정 의제에 맞출 수 있는 낱말이 들어있기 때문에 틀렸다는 것을 알 수 있다. 오류를 범한 논증은 여기에 제시한 두 사례보다 다양하고 복잡한 형태를 취하고 있다. 하지만 그것은 논리의 법칙을 이해하면 상대적으로 쉽게 발견할 수 있다. 아이들이 매일의 논쟁 가운데 숨어있는 오류를 깨닫도록 돕기 위해, 부모는 그들과 함께 논리 공부하는 것을 고려해봐야 한다.


## 전사의 손에 들린 화살들

부모가 자녀에게 이 원리들을 가르칠 수 있다면, 우리는 세속주의 앞에서 참된 진리를 방어할 줄 아는 청년들을 보게 될 것이다. 세상의 독단적 신념이나 이론에 압도당할 필요 없다! 진리는 언제나 오류를 이길 것이다. 그러나 우리는 모든 진리의 원천을 알아야 한다.

기독교 가정에서 자란 우리 같은 사람은, 기독교를 단지 '우리 가족이 하는 특정 언행'으로 볼 때가 많다. 부모가 기독교를 좋은 생활방식이라고 생각하거나 처음부터 기독교를 좋아해서 자녀도 그리스도인이 되기 원한다고 생각하기 쉽다.

C. S. 루이스는 이것을 다음과 같이 표현했다.

*"가장 큰 어려움은 '당신이 기독교를 전하는 가장 중요한 이유가 그것이 참이라고 생각하기 때문이라는 것'을 오늘날의 청중이 깨닫게 하는 것이다. 그런데 그들은 당신이 기독교를 좋아하거나 그것이 사회에 유익해서 늘 기독교를 전한다고*

*추측한다. "*6)

아이들은 부모가 자녀를 향한 사랑과 자녀가 진리를 알게 되기 바라는 갈망 - 외에는 아무것도 바라지 않고 - 때문에 자신을 가르친다는 것을 이해해야 한다.

지혜 있는 사람은 이 가르침을 듣고 학식을 더할 것이요,
명철한 사람은 지혜를 더 얻게 될 것이다

잠 1:5


지혜로운 사람은 훈계를 할수록 더욱 지혜로워지고
의로운 사람은 가르칠수록 학식이 더할 것이다

잠 9:9

CHAPTER 4

# 주요 과목 가르치기

주요 과목을 가르치는 데 명심해야할 특정 원리들이 있다. 우리는 가정 교육을 본질적으로 '목적이 아닌', 목적에 이르는 수단으로 보며, 아이들이 '실제 세계'(Real World)에 직면하도록 준비시킬 수 있는 방법으로 가르쳐야 한다. 각 과목은 성경적 세계관으로 가르칠 수 있고, 그렇게 해야 한다.


## 역사

"역사를 기록하는 사람들의 돌이킬 수 없는 첫 번째 임무는, 과거에 일어난 일을 찾아내어 그것을 이해하게 해주는 것이다."

- J. H. 헥스터(J. H. Hexter), ≪Reappraisals in History≫(역사의 재평가)


### 논쟁

"역사는 어떤 면에서 신념에 지나지 않으며, 그 신념은 거짓된 것이다."

- 니체, ≪'Reason' in Philosophy≫(철학 속 '이성')

## 알 수 없는 역사

포스트모더니스트들은 "역사는 정말로 알 수 없는 것이다"라고 주장해 왔다. 최초의 사건 기록들은 모두 편향된 개인들이 작성했는데, 그들은 우리가 객관적 사실보다 자신들의 주관적 느낌이나 관점을 알기 원한다.

'완벽하게 자기 의견이 없는 저널리스트와 역사가는 거의 없다'라는 사실은 어느 정도 타당하다. 하지만 이 같은 포스트모더니스트들의 주장은, 특정 사건에 관한 객관적 자료들을 정리해서 비교적 정확하게 설명할 수 있는 인간 이성의 능력을 평가절하하는 것이다.

모든 언론과 매체 종사자가 그렇듯, 역사가들은 많은 요인을 심사숙고해야 한다. 미국의 남북 전쟁 이야기를 쓴 어느 작가를 평가할 방법을 생각해보자.

1. 그 작가가 원래부터 갖고 있는 편견은 없는지, 만약 있다면 그것이 무엇인지 분별해야 한다. 예를 들어, 그는 남북 전쟁에서 남부와 북부 중 어느 쪽을 지지했는가?

2. 그 작가가 이 주제에 관해 – 귀동냥으로 듣거나 추측한 것이 아닌 – 직접 얻은 지식을 검토해야 한다.

3. 다양한 배경에서 나온 다양한 작가의 다양한 글을 고찰하고 무엇이 더해졌는지 살펴봐야 한다. 예를 들어, 특정 사건에 관한 로버트 E. 리 장군(Robert E. Lee, 미국 남북 전쟁 당시 남군 총사령관 – 역자 주)과 율리시즈 S. 그랜트(Ulysses S. Grant,

미국 남북 전쟁 당시 북군 총사령관이자 미국 18대 대통령 - 역자 주) 장군의 글이 확실하다면, 그것이 꽤 믿을 만하다고 생각할 수 있다.

### 역사적 해석

전통적 역사관을 왜곡하는 또 다른 부분은 해석의 영역이다. 선도적인 세속주의 역사가들은 '실제로 무슨 일이 일어났는가?'나 '원 작가가 어떤 의미를 전하려 했는가?'가 아니라, '어떤 방식으로 그것을 보려고 하는가?'가 역사의 가장 중요한 면이라고 강조했다. 그들은 특정 이슈에 관한 참된 '옳고 그름'의 판단은 자신이 선택한 방식으로 역사를 해석할 현대 사회학자들에 의해 결정된다고 주장하곤 했다.

이에 관한 좋은 예는, 나치 대학살이 결코 일어나지 않았다고 '입증하려는' 오늘날의 움직임이다. 사회 정치적인 이유로, 일부 작가들과 대학교수들은 20세기에 벌어진 일 중에서 그 발생 여부를 가장 입증하기 쉬운 사건의 존재 자체를 부인하려 하고 있다. 이렇게 노골적으로 사실을 왜곡하는 것은, 역사에 관해 상대주의적 수정주의자들이 가진 견해의 전형이다.

"실제 일어난 것은 (내가) 일어나기를 바라는 것만큼 중요하지 않다."

역사적 증거를 그런 식으로 함부로 조작하는 것은 용납할 수 없으며, 기회가 있을 때마다 밝히 드러내야 한다.

### 주관적 '역사' 수집

또 하나의 논쟁점은 우선 역사를 구성하는 것이 무엇인지 정의하는 것에 있다.

"역사를 기록할 때 사실을 생략해야 한다는 점을 분명히 해야 한다. 역사가는 반드시 사실을 선택하는 특정 기준을 갖고 있어야 한다. 경험에 기초한 역사는 불가능하다." 1)

역사가는 반드시 자신의 저서에서 특정 사실과 사건을 생략할 것이다. 이는 다원주의자와 동성애자, 페미니스트 같은 사람들이 자신의 특정 이익 단체와 관련된 자료를 삭제한 교과서를 새로 만들라고 정부를 압박할 여지를 남겨둔다. 전통적 역사관은 주요 사건에 초점을 맞추어왔고 이 사건들의 개인적이고 정서적인 영향을 경시했다. 새로운 역사가들은 역사적 사실 자체만이 아니라 역사상 '소수'였던 집단의 정서적 반응에도 균등하게 비중을 둬야 한다고 요구한다.

그들의 논지는 충분히 고려해볼 가치가 있다. 그러나 어디에 선을 그어야 하는가? 역사가 태초 이래 인간 존재의 모든 행위를 포함한다면, 우리는 알렉산더 대왕의 삶과 함께, 굼벵이를 먹고 살던 고대의 이름 모를 모든 부족에 관해서도 가르쳐야 할 것이다.

"진정으로 역사에 관심 있는 사람은 모든 시대가 중요하다는 것을 인정한다. 비록 그 역사가는 인간이 갖는 한계로 자신의 연구를 작은 영역에 한정할 수밖에 없겠지만." 2)

역사 공부의 목적이 진리에 관한 오늘날의 적용을 찾는 것이므로, 역사 공부를 통해 얻을 수 있는 것을 알아보기 위해 우리는 역사에서 '무시된' 부분을 검토해야 한다. 7세기 기독교 순교자들에 관한 공부로 미래를 대비할 수 있다면, 우리는 그런 정보를 환영해야 한다. 특정 정보의 목적이 자유주의를 선전하거나 개인적 폭리를 취하기 위한 것이라면, 우리는 그런 식으로 역사를 수정하거나 추가하는 것을 온 힘 다해 반대해야 한다.

### 교수법 : 기독교적 수정(Revision)은 자유주의적 수정주의(Revisionism) 만큼이나 부정확하다

그리스도인으로서 우리는 결코 특정 단체나 이교도, 또는 그리스도인이 역사적 사실을 수정하는 것을 장려해서는 안 된다. 내가 알기로, 교과서에서 기독교 유산을 빼버린 학교에 반기를 든 그리스도인이 많이 있다. 그러나 그들은 기독교 출판사들이 단지 젊은이들에게 '역할 모델'로 내세우기 위해 구원받지 않은 특정인을 '영적 영웅으로 포장하는' 건 모른 체한다.

역사는 가혹할 정도로 정직해야 한다. 미국 건국의 아버지들의 진정한 신앙을 헐뜯거나 흠 잡지 말아야 하는 것처럼, 구원받지 못한 사람들을 영웅으로 만드는 것도 하지 말아야 한다. 우리는 실제로 무슨 일이 일어났는지 정말로 알 필요가 있다! 우리가 따라 걸어야 할 마땅한 선이 있다. 역사는 제시된 모든 사실에 관해서만 유익하다고 입증할 것이다.

역사는 과거를 보는 창이며 미래를 향한 로드맵이다. 아이들은 가능한

한 많은 사람과 문화에 관해 배워야 한다. 오직 그럴 때만 원활한 교육이 이루어지기 때문이다.

## 기독교 대 세속주의

기독교 역사관은 세속적 인본주의 역사관과 정반대다. 그들은 역사를 인간과 인간의 업적에 관한 것으로 보지만, 우리는 하나님의 역사 혹은 그분이 인간과 상호교류하신 역사로 본다. 칼빈주의 철학자이자 역사가이며 신학자인 R. J. 러시두니(Rousas J. Rushdoony)는 이렇게 말했다.

"하나님이 하나님이거나 인간이 하나님이다. 그리고 역사는 근본적으로 하나님의 작품이거나 인간의 작품이다. 역사에 관한 기독교적 가르침은 이 견해 사이에서 머뭇거릴 수 없다. 역사는 사회과학이 아니라 신학이다. 그것이 하나님 창조의 일면이기 때문이다." 3)

## 신뢰할 자료를 찾아라

나는 개인적으로 자서전이나 직접 체험한 것을 바탕으로 쓴 글로 역사 공부를 할 때 가장 재미있다는 사실을 발견했다. 그래서 가능하면 공부하고 있는 주제에 개인적으로 관여한 적이 있는 사람의 책을 찾아 읽는다.

예를 들면, 농구선수였다가 복음 전도자가 된 빌리 선데이(Billy Sunday)의 삶에 관한 책을 몇 권 읽은 적이 있다. 그의 고향인 인디애나 주 위노나 레이크(Winona Lake) 근처에서 태어났기 때문에, 나는 빌리 선데이의 삶에 특히 관심이 있었다. 어느 전기 작가는 '문자 그대로' 선데이 선생을 경멸하며 우리 시대의 허풍쟁이 텔레비전 복음전도자라고 폄하했고, 또 다른 사람은 그를 거의 신격화해서 세상의 가장 위대한 설교자라고 극찬했다. 그들의 책을 읽으면서 나는 빌리 선데이에 관한 평가에 균형이 필요하다는 사실을 깨달았다.

중고 서점에서 나는 ≪빌리 선데이와 함께 보낸 20년≫(Twenty Years with Billy Sunday)라는 제목의 책을 발견했는데, 그 책은 빌리 선데이와 함께 사역한 음악가 호머 로드히버(Homer Rodeheaver)가 1936년에 쓴 것이었다. 나는 호머의 호수 별장 아래 있던 몇 채 안 되는 집 중 한 곳에서 살았기 때문에, 친척 중에 호머의 큰 며느리나 대학 때 그와 기숙사 생활을 함께한 사람이 있었다. 얼마나 황홀했는지 모른다!

그 책은 전설적인 '부흥사'에 관해 이제껏 읽은 것 중에서 가장 재미있고 정보가 많은 책이었다. 물론 다소 편향적으로 묘사한 부분이 있었지만, 적어도 그것은 선데이 선생을 직접 겪어본 사람이 쓴 정직한 글이었다.


**목적** 러시두니 박사는 자신의 오디오 커리큘럼 〈세계 역사에 대한 기독교적 개관〉(A Christian Survey of World History)에서 '역사에 관해 가장 염려하는 사람들은 미래에 관해 가장 신경 쓰는 사람들'이라고 말한다.

앞서 산 이들의 삶을 바라보며 우리는 현재의 문화적 상황과 인간 본질에 관한 통찰, 앞으로의 비전을 연결한다. 이런 말이 있다.

"당신이 어디에서 왔는지 모른다면 어디로 갈지도 모를 것이다."

이것은 성경에 나타난 인간 역사로 미래의 향방을 그려보는 우리 같은 사람들에게 확실히 맞는 말이다. 우리는 예수 그리스도와, 역사적으로 확실하게 일어난 사건들 덕분에 어디로 갈 것인지 알고 있다.

성경은 옛 지계석을 옮기지 말라고 다섯 번 이상 가르치고 있다 잠 22:28. 나는 지계석이 사적 재산의 경계를 한정하는 표식이라는 사실을 알고 있다. 하지만 그것은 역사 공부와 관련해서도 말해주는 바가 있다고 믿는다. 옛 지계석은 과거로 이어주는 끈이었다. 그것은 조상의 고통과 희생을 기억하게 하는 상징물이다. 이런 기념물은 젊은이들의 마음에 의무감을 확실히 심어준다.

이 제단들은 오늘날의 문화만이 유일하게 중요한 세대나 문명이 아니라는 것을 일깨워주었다. 하나님은 과거에 역사하셨고 미래에 간섭하실 계획을 세우신다.

우리가 이것을 숨기지 않고 우리 자손에게 전하여 줄 것이니, 곧 주님의 영광스러운 행적과 능력과 그가 이루신 놀라운 일들을 미래의 세대에게 전하여 줄 것이다. 주님께서 야곱에게 언약의 규례를 세우시고 이스라엘에게 법을 세우실 때에, 자손에게 잘 가르치라고, 우리 조상에게 명하신 것이다. 미래에 태어날 자손에게도 대대로 일러주어, 그들도 그들의 자손에게 대대손손 전하게 하셨다. 그들이 희망을 하나님에게 두어서, 하나님이 하신 일들을 잊지 않고, 그 계명을 지키게 하셨다. 조상처럼, 반역하며 고집만 부리는 세대가 되지 말며,

마음이 견고하지 못한 세대, 하나님을 믿지 아니하는 세대가 되지 말라고 하셨다 시78:4-8.

신명기 6장에서 하나님은 그분의 백성에게 이렇게 당부하신다.

주 당신들의 하나님이, 당신들의 조상 아브라함과 이삭과 야곱에게 맹세하여 당신들에게 주기로 약속하신 그 땅에, 당신들을 이끌어들이실 것입니다. 거기에는 당신들이 세우지 않은 크고 아름다운 성읍들이 있고, 당신들이 채우지 않았지만 온갖 좋은 것으로 가득 찬 집이 있고, 당신들이 파지 않았지만 이미 파놓은 우물이 있고, 당신들이 심지 않았지만 이미 가꾸어 놓은 포도원과 올리브밭이 있으니, 당신들은 거기에서 마음껏 먹게 될 것입니다. 당신들이 그렇게 될 때에, 당신들은 이집트 땅 종살이하던 집에서 당신들을 이끌어 내신 주님을 잊지 않도록 주의하십시오 신6:10-12.

당신은 어떨지 모르지만, 내게는 이 묘사가 아주 잘 맞는다. 그런 다음 하나님은 우리에게 이집트의 속박에서 건져주신 여호와를 잊지 말라고 경고하신다.

나는 이보다 더 미국 문화에 알맞은 구절을 생각할 수 없다. 더글러스 윌슨은 '잊는 것'이 죄라고 분명하게 말했다. 하나님은 훈련받은 이스라엘 백성이 매번 그 죄를 반복했음을 우리에게 일깨워주신다. 역사는 우리가 하나님을 떠나 독립적으로 살아가는 문화에 사로잡히거나 주님을 잊지 않기 위해 필요한 것이다.

## 과학

*"오류의 늪에 빠지지 않기 위해 공부해야 할 두 권의 책이 우리 앞에 있다. 하나
는 하나님의 뜻을 계시한 성경책이고, 다른 하나는 그분의 능력을 표현한 창조물
이라는 책이다."*

*- 프랜시스 베이컨(Sir Francis Bacon)* 4)

과학은 다음과 같이 몇 개의 범주로 나눌 수 있다.

**생명 과학** - 생물학, 식물학, 인류학, 동물학, 생태학, 생리학, 해부학, 유전학 등

**물리·지구 과학** - 물리학, 천문학, 화학, 지질학, 우주론, 기상학, 고생물학

**응용과학** - 전기학, 기계학, 기술학, 공학, 의학 등

나는 행동 과학(심리학, 정신의학, 사회학)을 철학이라는 표제 아래로 분
류할 것이다. 이 학문들의 본질이 과학보다 철학에 더 일맥상통하기 때
문이다.

과학과 관련해서 지적하고 싶은 사항이 몇 가지 있다. 첫 번째는 기원
의 문제다. 전제는 모든 과학적 분석에서 중요한 역할을 한다. 자녀들이
과학 이론을 공부할 때 그 분야에 매력을 느끼고 집중하게 만드는 기본

전제가 무엇인지 물어보라.

**논쟁** 나는 홈스쿨러인 켄 햄(Ken Ham)과 폴 테일러(Paul Taylor)가 공저한 ≪The Genesis Solution≫(창세기의 답변)이 창조론 입문서 중에서 가장 좋은 책이라고 생각한다. 두 사람은 가정과 성경적 세계관 보전에 깊이 헌신하고 있다.

그들은 과학에 관한 몇 가지 진리를 지적한다.

## 1. 우리 모두는 편견을 갖고 있다

과학자들은 자신들이 철저히 객관적이라고 여기고 싶어 하겠지만, 전혀 그렇지 않다. 20세기의 대표적인 변증가이자 신학자인 코넬리우스 반 틸(Cornelius Van Til)이 주장했듯이, 우리 모두는 학문 영역에 끌어들이고 있는 특정 전제를 갖고 있다. 그 전제는 우리의 연구와 이론, 가설과 해석, 결론에 영향을 미친다. 우리가 과거 경험과 신학적 가정에 의해 특정 방향을 향하도록 이미 설득당하고 있다는 점을 마음에 새겨두는 게 중요하다.

햄과 테일러의 설명대로, 편견을 갖는 것이 반드시 잘못된 일은 아니다. 올바른 편견을 선택하는 것이 중요하다. '신은 죽었다'라는 다윈주의로 과학에 접근한다면, 과학과 관련된 우리의 모든 공부와 활동은 그 관점에 따라 달라질 것이다.

한편 만물을 창조하신 인격적 하나님을 믿는다면, 우리 연구는 그 믿음에 영향받을 것이다. 이것은 지질학 분야에서 가장 큰 문제가 되어왔다. 세속 과학자들은 암석과 광물을 검사하여 그 나이를 결정한다. 그들은 암석 A가 '정상적'(Normal) 환경에서 1억 5천만 년 동안 형성될 거라고 결론 내린다.

전 지구적 홍수가 있었다고 믿는 창조과학자들은 암석 A가 창세기에 설명된 대변동의 조건에서 급격히 형성되었을 거라고 주장한다. 우리의 편견과 전제는 우리가 내리는 결론에 영향을 미친다.


열네 살 때, 나는 가족과 함께 버지니아 주에 있는 한 동굴을 방문했다. 미리 예약을 한 덕분에 우리는 서른 명 가량의 다른 관광객과 함께 안내원의 설명을 들으며, 멋진 암석층을 구경할 수 있었다. 가장 크게 우리의 관심을 끈 것은 3미터짜리 거대한 석순이었다. 안내원은 이 특이한 석순이 1억 년 동안 형성되었다고 설명했다. 관광객들은 사진을 찍어대며 그 거대한 광상(鑛床)이 장구한 세월에 걸쳐 형성된 것에 진심으로 감탄하고 있었다.

"이 동굴은 언제 발견되었나요?"

내가 안내원에게 물었다.

"1903년에요. 1920년대 이래로 해마다 수많은 관광객의 관심을 끌고 있죠."

"동굴 내부의 통로와 조명은 언제 설치되었나요?"

"1923년 경에요."

"그거 흥미롭네요. 3미터짜리 석순이 형성되는 데 1억 년이 걸렸는데, 이 조그만 녀석은 64년 만에 다 자란 거잖아요."

다들 통로 기둥 꼭대기에 자란 30센티미터짜리 석순을 쳐다보았다. 관광객들 모두가 웃었고 가이드도 따라서 킬킬 웃었다.

우리가 떠나려고 할 때, 그녀는 이렇게 말했다.

"그 사실을 지적해줘서 고마워요. 전에는 한번도 그런 생각을 해보지 않았거든요. 하지만 이제 우리 사장님에게 물어볼 좋은 질문이 생겼네요!"

물론 그녀의 사장이 완강한 무신론자라면, 엄연한 사실이 자기 코앞에 있어도 창조 진리를 인정하려 하지 않을 것이다. 당신도 알다시피, 진화론은 실제 과학에 기초한 것이 아니다. 그것은 세속적 인본주의 종교에 뿌리를 두고 있다. 그것은 '자율적' 인간의 죄성을 반영한 종교적 신념이다.

## 2. 우리는 지질학과 방사성 연대 측정법에 실망할 수 있다

인간 기원을 결정하기 위해 지질학적 증거를 찾는 것은 결론에 이르지 못할 수 있다. 올바른 전제를 바탕으로 한 가설에서 시작하지 않으면, 지층만 살펴보는 것은 잘못된 일이 될 것이다. 다른 말로, 증거가 바뀌고 있을 때 진리를 결정하는 것은 어렵다.

지구 전체는 전 지구적 홍수로 완전히 바뀌었다. 이 사실을 고려하지 않는 과학자는 지구 나이를 46억 년으로 잘못 생각할 것이다. 5)

정상적 환경이라면 수억 년이 걸려 형성되었을 암석은, 대격변을 불러

온 전 지구적 홍수를 통해 빠르게 형성될 수 있다. 과학을 공부하면서 성경적 전제를 마음에 새겨두면, 그 증거는 성경 기사와 일치한다.

과학이 인간 타락과 전 지구적 홍수 때문에 정말로 무슨 일이 일어났는지에 관한 명확한 그림을 늘 주지는 못한다는 점을 기억해야 한다. 지구과학 분야에서 성경적 세계관과 충돌하는 자료를 발견할 때도 우리는 그 믿음을 버리지 않는다. 지질학자이자 대학 교수이고 창조론자인 내 친구가 자신이 참여한 고고학 탐사에 관해 이야기해주었는데, 거기서 그는 아무 단서도 발견할 수 없었다고 했다.

그들은 유례없는 암석층과 퇴적층을 발견했는데, 그것은 동료들의 진화론적 관점을 뒷받침하는 것처럼 보였다. 그러나 그는 자신의 신앙을 버리지 않겠다고 마음 먹었다. 그는 내게 이렇게 말했다.

"자네는 언제나 하나님이 자네에게 더 많은 설명을 해주시길 기다리게."

물론 더 깊이 연구한 뒤에 그들은 불규칙한 암석층이 생긴 이유를 발견했다. 내 친구는 하나님이 과학을 통해 그분을 계시해주신 것에 감사드렸다. 그의 회의론자 동료 중 많은 이가 어쩔 수 없이 창조론자들의 관점이 지닌 타당성에 동의했다.

우리는 탄소 연대 측정법에 관해 자주 듣는다. 그리고 그것이 연대 측정에 효과가 있을지 의아해할지도 모른다. 기독교 변증 사역을 하는 '아폴로지아 미니스트리'(Apologia Ministries)의 와일(Jay L. Wile) 박사는 홈스쿨러를 위한 고등학교 과학 프로그램을 만들었다. 이에 관해 그는 다음과 같이 설명한다.

"탄소 연대 측정법은 5만 년 혹은 그보다 오래되지 않은 - 것으로 추정되는 - 항목에만 적용할 수 있다. 탄소 연대 측정법은 백만 년의 시간 척도에는 적용조차 하지 못한다. 하물며 억만 년은 말해 무엇하랴. 또한 탄소 연대 측정법은 3천 년 혹은 오래되지 않은 것들에 효과가 있다. 그 연대 범위에서 독립적 눈금(나이테)을 볼 수 있기 때문이다. 따라서 탄소 연대 측정법은 고고학자들을 실망시키지 않는다. 그것은 생겨난 지 3천 년 미만인 문명을 연구하는 모든 사람에게 중요하고 유용한 도구다."

와일 박사는 적절한 상황에 탄소 연대 측정법을 사용하면 도움이 되지만, (수백 혹은 수억 년 된 것에 관한) 방사성 연대 측정은 별로 믿을만하지 못하다고 설명한다.

### 3. 과학은 인간 기원을 설명하기에 전반적으로 부적합하다

"과학자들은 사물들이 존재하는 현재 시점에서만 검사하고 관찰해야 하는 한계를 갖고 있다. 과학은 지금 관찰할 수 있는 시스템과 과정을 다루지만, 역사는 이전 세대가 과거에 관찰해서 후손을 위해 기록해둔 것을 다룬다. 그러나 일단 가장 최근의 역사 기록에서 벗어나면, 인간의 관찰 범위 밖에 있게 되고 그로 인해 실제 과학의 범위 밖에 있게 된다." 6)

*"엄밀하게 정의하면, 경험 과학(Empirical Science)은 반복해서 관찰할 수 있는 사건과 과정, 특성을 관찰하고 이해하고 설명하려는 시도이다."* 7)

과학적으로 엄밀히 보자면 창조와 진화는 반복될 수 없다. 대부분의 과학자는 그 둘을 조작할 수 없는 기원론이라고 생각한다. 창조와 진화는 과학적 사실이 아닌 신앙의 범주에 해당한다. 우리 중 아무도 거기 없었기에 창조나 빅뱅을 과학적으로 입증할 수 없다. 모더니즘 세계관을 가진 일부 과학자들은 과학을 떠나서는 아무 것도 알 수 없다는 것을 믿으라고 할 것이다. 하지만 그것은 결코 사실이 아니다.

과학은 현재 관찰 가능한 현상에 관한 질문에 답하는 데 도움이 된다. 그러나 삶의 많은 부분에서 과학은 성경에서 쉽게 발견되는 답을 붙잡고 있다.

## 4. 과학은 성경을 입증하지 않는다

홈스쿨러이자 미국 창조과학회의 전(前) 회장 존 모리스(John Morris) 교수는 〈홈스쿨 다이제스트〉와의 인터뷰에서 이렇게 말했다.

*"그리스도인은 결코 성경을 입증하려 해서는 안 된다. 우리는 공세적으로 다른 입장을 취한다. 우리는 믿음으로 하나님 말씀이 참되다는 사실을 받아들인다. 하지만 우리는 또한 그것이 참되기 때문에 적용할 때마다 역사가 일어날 거라고 확신한다. 이것은 과학에서조차도 사실이다. 성경적 사고 방식으로 과학적 증거를*

해석하면, 우리도 그것을 이해할 수 있다. 전부 잘 맞아들어갈 것이기 때문이다.

쟁점은 창조와 진화 둘 다 관찰할 수 없는 과거에 대한 관점이기에 과학적으로 관찰하고 승인하며 그릇됨을 증명할 수 없다는 것이다. 과학적 의미에서 엄밀히 보면, 진화가 틀렸다는 것을 증명하거나 창조를 입증할 수 없다. 우리가 할 수 있는 것은 창조의 관점이 진화의 관점보다 훨씬 우월하다는 사실을 보여주는 것이다. 그것이 과학적 증거를 더 잘 다룬다. 그것이 우리 주변 세계를 더 잘 이해하게 하며 하나님 말씀에 관한 훨씬 큰 확신을 준다. 우리는 하나님 말씀을 입증하려 하지 않는다. 우리는 그것을 믿는다. 그래서 연구할 때 그것을 사용한다. 그리고 어떻게 '하늘이 하나님의 영광을 선포하는지' 보여주고, 우리가 성경에서 보는 것을 과학적 증거들이 뒷받침한다는 것을 알려준다.

이렇게 말했지만 우리는 '세속 과학은 성경이 틀렸다는 것을 입증해 왔다'라는 말을 들어온 사람들이 아주 많다는 것도 알고 있다. 그래서 수정되어야 할 손해가 많이 있다. 우리는 이 과학적 증거들을 취해서 보여주고 '당신은 거짓을 배웠습니다. 여기 더 나은 길이 있으니 생각해 보십시오. 이 증거를 보십시오'라고 말해준다. 이것이 바로 구원의 방해물을 제거하는 일이다." 8)

창조과학자들이 이루어낸 중요한 발견들을 고려하면, 그 증거가 "성경은 참되며 증거가 성경을 확증한다"라고 신학자들이 계속해서 주장해온 바를 뒷받침한다는 사실을 깨닫게 된다. 진화가 참된 것이 아니기에, 다원의 증거는 기껏해야 개략적이고 피상적일 뿐이다. 계몽주의 시대를 지나 19세기 초 산업혁명이 시작되면서, 경험론이 모든 과학 연구의 기준으로 자리매김하게 되었다.

## 경험론

경험론이란 자연적 감각으로 경험하는 것 외에는 아무것도 입증할 수 없다는 신념이다. 맛볼 수 없고 만질 수 없고 볼 수 없고 냄새 맡을 수 없고 들을 수 없다면, 그것이 존재한다고 확신할 수 없다. 인간의 자연적 감각으로 하나님을 경험할 수 없기에, 과학자들은 그분이 존재하지 않는다고 생각한다. 하나님의 부재론은 거의 모든 과학자가 저지르는 인식론적 오류다. 그것이 그들의 연구를 바꿔놓는다. 개연적인 제1원인(First Cause)으로서의 하나님을 자동으로 제거하기 때문이다.

이와 비슷한 신념이 논리 실증주의(Logical Positivism)이다. 그것은 영적이거나 형이상학적 '실재'(Realities)가 확실하게 이해할 수 없는 대상이라고 주장한다. 특히 절대 도덕과 하나님 존재는 결코 확실하게 알 수 없다고 한다.

나는 이렇게 질문하고 싶다.

"사랑은 존재하는가?"

"사람들은 서로를 향해 미움과 분노를 내보이는가?"

이런 감정적 행동과 반응은 관찰할 수 있지만, 과학적 의미에서 그런 것은 아니다. 실험실에서 당신은 화학물질 A와 B를 혼합해서 화학물질 C를 만들어낼 수 있다. 실험 조건이 변하지 않는다면 무한 반복할 수 있다. 이것이 경험 과학의 기초다.

하지만 인간 감정은 그렇게 예측할 수 있는 것이 아니다. 같은 사람이 오늘은 이런 식으로 반응하고 내일은 다른 식으로 반응할 수 있다. 기적적인 창조도 마찬가지다. 그것은 하나님의 자발적 의지로 이루어진 것이므로 과학적으로 입증할 수 없다. 욥에게 질문하신 것에서 보듯이, 하나님은 과학적 분석을 하는 실험실에 제한받지 않으신다.

## 초월주의(Transcentalism)와 뉴에이지

*"모든 창조물에는 일정한 초월성이 있다. 그것은 하나님의 지울 수 없는 성품으로, 그분을 발견하게 한다."*

- 존 요셀린(John Josselyn) 9)

근대 자연주의 이론에서 포스트모더니즘 접근 방식으로 이동하면 초월주의가 등장한다. 이것은 많은 사람, 특히 뉴에이지 신봉자들이 갖고 있는 형이상학적 세계관이다. 포스트모더니스트들이 이전의 근대주의자들보다 '신'과 영성에 관한 이론을 훨씬 잘 받아들이기 때문에, 많은 사람이 초월주의로 돌아가고 있다. 뉴에이지 '스승들'(Gurus)은 자연 관찰을 통해 우리가 '신'의 모습을 발견할 수 있다고 믿는다. 그들은 자연을 더 많이 이해할수록, 우리 자신과 '신'을 더 많이 이해할 수 있다고 믿는다.

19세기 사상가이자 시인인 랄프 왈도 에머슨(Ralph Waldo Emerson)에게 크게 영향받은 문학가 헨리 데이비드 소로우(Henry David Thoreau)가 이런 말을 했다.

*"우리는 하나님을 볼 수 없을까요? 우리는 뒤로 밀려나서 마치 그것이 단순한 비유인 것처럼 이 삶을 즐기게 될까요? 바르게 읽으면, 단지 상징이 되기 위해 공통으로 선택된 것이 자연 아닐까요? 선견자는 '대지'(The Earths)와 그 가운데 있는 그의 아버지(Father)에 관해 같은 의미로 말할 것입니다."* 10)

급진적 환경보호주의와 동양 신비주의가 공립학교에서 점점 더 멋진 것으로 여겨지면서, 홈스쿨러들은 이 문제와 직면하게 될 것이다. 그래서 우리는 이 같은 잘못된 관념들이 어떻게 성경을 거스르는지 알아야 한다.

자연은 인격이신 하나님을 완벽하게 표현하지 못한다. 뉴에이지 운동에서 주장하는 것과 달리, 자연을 살펴보는 것만으로는 하나님이 어떤 분인지 충분히 알 수 없다. 우리는 인간의 타락 때문에 혼돈과 질병과 죽음을 목격하고 있다. 이것들은 하나님의 특성이 아니다. 사람들은 이렇게 말한다.

"하나님이 선한 분이고 만물을 창조하셨다면, 왜 동물들이 어린 새끼를 잡아먹는가?"

아주 간단히 말하면, 인간의 죄로 모든 창조물이 무질서와 혼란에 빠졌다.

성경에 따르면, 우리는 자연을 통해 하나님의 두 가지 특성, 곧 그분의 영원한 능력과 신성을 알 수 있다 롬 1:20. 또한 성경은 보이지 않는 이 두 특성이 자연을 통해 분명히 보이기 때문에, 누구도 핑계댈 수 없다고 말한다. 마음속으로는 하나님이 계시다는 것을 알면서도 사람들은 그분을 영화롭게 하지도 않고 감사하지도 않는다 롬 1:21. 허망한 생각에 푹 빠져 있기 때문이다. 나는 이것이 다윈주의자들에 관한 정확한 묘사라고 생각한다!

정말로 하나님이 누구신지 알고 싶다면, 육체를 입은 역사적 인물 예수 그리스도를 봐야 한다. 사도 바울은 예수 그리스도를 이렇게 선언한다.

그리스도는 보이지 않는 하나님이 눈에 보이게 나타난 분입니다. 창세 전에 나타나신 분으로 골 1:15.

그리고 그는 다시 이렇게 말한다.

하나님은 충만한 본성을 그분 안에 두기로 하셨고 골 1:19.

그리스인들과 로마인들은 보고 만질 수 있는 경험 가능하고 육체적인

신을 원했다. 그들이 그토록 많은 우상을 숭배한 것은 이 때문이다. 그래서 하나님이 이렇게 말씀하신 것이다.

"좋다. 내 아들을 가능한 한 가장 이성적 형태인 인간의 육체로 보내겠다."

경험론으로 말하자면, 하나님은 영이시지만 예수 그리스도는 역사의 특정 시점에 육체를 입고 사셨다 요 4:24, 1:14. 이것은 입증할 수 있고 정확하고, 인간이 알 수 있는 것이다 벧후 1:16.

직접 목격한 것보다 나은 과학적 증거는 없다. '예수님의 사랑하는 자' 사도 요한은 이렇게 전한다.

늘 존재하셨지만, 실제로 우리가 두 눈으로 보고 들은 분에 관해 여러분에게 편지를 씁니다. 우리는 그분을 자세히 보았고 손으로 만져보기까지 했습니다. 그분은 생명의 말씀이었습니다. 우리 앞에 나타난 분(예수)은 바로 생명이었습니다. 우리는 생명을 보았습니다. 우리는 생명을 목격한 증인입니다. 그리고 지금 생명에 관해 여러분에게 편지를 쓰고 있지요. 그분은 모든 세대에 존재하시는 생명, 성부와 더불어 늘 존재하셨던 생명이었습니다. 그 생명이 우리 눈앞에 직접 나타나셨습니다. 다시 말하지만, 우리는 실제로 보고 들은 것을 지금 여러분에게 씁니다. 우리는 여러분도 성부와 성자 그리스도 예수와 교제하기를 바랍니다 요일 1:1-3.

예수 그리스도 안에 있었다면, 초월주의자들과 경험론자들은 참되고 인격이신 하나님을 발견했을 것이다. 그들은 추상적이고 범신론적이고 신비적인 형상, 혹은 경험적 인간이 만든 우상을 찾을 필요가 없었을 것이다. 예수 그리스도 안에 있었다면 그들은 전능하신 하나님의 가장 참된 형상을 발견했을 것이다.

## 문자 그대로의 6일 창조

그리스도인 간에 논쟁이 되고 있는 부분은, 창조의 '날'들을 '문자 그대로 해석할 것이냐, 비유로 해석할 것이냐'의 문제다. 하나님이 우주를 창조하셨다는 사실을 아이들에게 가르치는 것이 가장 중요하다고 생각하는 부모가 많다. 그러나 그와 다르게 생각하는 부모도 많다.

성경을 있는 그대로, 권위 있고 믿을만한 것으로 인식하는 것이 중요하다. 우리는 비성경적인 '날-시대 이론'(Age-Day Theory, 천지창조가 이루어진 창조 주간의 하루하루를 오늘날의 24시간으로 보지 않고 오랜 세월을 포함하는 지질학적 시대로 이해하는 이론 - 역자 주), '진행론적 창조론'(Progressive Creation, 생물이 오랜 지질학적 시간에 걸쳐 진화되는 동안, 진화과정으로 완성시킬 수 없는 부분은 하나님이 필요할 때마다 간섭하여 창조하신다는 이론 - 역자 주), 또는 '간격 이론'[Gap Theory, 창세기 1장 1절과 2절 사이에 지질시대의 시간적 간격이 있었다고 보는 '창조-파멸-재창조' 가설. 즉, 창세기 1장 1절을 원(原)창조로 이해하고, 이 '최초의 무로부터의' 창조가 10억 년 이전에 이루어졌다고 주장하며, 그후 (사탄의 타락으로 인한) 모종의 황폐화 사건이 발생하여 창세기 1장 2절처럼 피조세계가 '혼돈과 공허' 속에 방치되어 있다가, 지금으로부터 약 5천 년 전 하나님이 다시 황폐화된 세계를 정리하시고 재창조(중조)하셨다는 주장 - 역사 취에 맞추려고 하나님 말씀을 변형해서는 안 된다. 우리는 성경이 말한 대로 젊은 지구 위에 살고 있다고 충분히 확신할 수 있다.

문자 그대로의 6일 창조가 중요한 몇 가지 이유가 있다.

1. 창조 기사를 액면 그대로의 사실로 받아들이지 않는다면, 성경의 다른 기사, 예를 들면 예수 그리스도의 부활의 기적도 믿을 수 없다.

2. 하나님이 수억 년에 걸쳐 세계를 창조했다면, 그분은 잔인하고 경배받기에 합당하지 않은 분이다. 무슨 소리냐고 놀라기 전에 내 설명을 들어보라. 우리는 먼저 다음 질문에 답해야 한다.

"인간 타락 이전에 황폐함이 있었는가?"

황폐함이 없었다면, 지구의 나이는 오래되지 않았을 것이다(화석 기록은 죽은 것들을 연구한 것이다). 인류 연대는 쉽게 추적할 수 있는데, 약 6천 년 전으로 거슬러 올라갈 뿐이다. 자유주의 학자들도 1만 년 정도에서 단념한다. 이것은 46억 년 된 지구 나이를 설명하기에 너무 짧은 시간이다. 그래서 어떤 과학자들은 지구가 수억 년 전에 창조되고 나서 인간이 등장했다고 생각한다. 이것이 바로 간격 이론이다.

진행론적 창조론은 오직 '인간이 등장하기 전에 지구가 황폐한 상태'였을 경우에만 들어맞는다. 자연선택설은 동식물이 환경에 적응하는 과정을 보여준다. '적자생존'은 우세종이 종속종을 굴복시키고 정복하는 경향을 보여준다. 모든 다윈주의 모델은 타락하고 부패한 세상을 반영한 것이다.

하나님이 진화를 통해 세상을 창조하셨다면, 틀림없이 자연 선택에 따라 더 약한 종을 제거하셨을 것이다. 하지만 그분은 창조한 모든 것이 좋았다고 말씀하셨다 창 1:31. 따라서 이 이론이 맞는다면, 하나님은 틀림없이 심혈을 기울여 죽음과 황폐와 죄를 설계하셨을 것이다.

만약 하나님이 죽음과 황폐, 엔트로피와 죄를 창조하시고, 그것이 좋았다고 말씀하시고, 임의로 모든 창조물을 '적자생존' 법칙에 종속시키셨다면, 어떻게 우리가 죄인으로 취급되는 것을 막으실 수 있겠는가? 더 나쁜 것은, 우리에게 죄와 죽음을 짊어지게 하신 바로 그분이 우리의 구원자로 오신다는 사실이다! 죄와 죽음을 창조했다면, 하나님은 선한 분이 아니라 잔인하고 불의한 분이다.

성경 기사를 액면 그대로 믿는다면, 죄와 죽음의 원인은 하나님이 아니라 오로지 죄를 지은 인간에게 있음을 알 수 있다. 성경의 많은 구절이 지상 타락의 원천을 인간으로 분명하게 지목한다 롬 5:12-21, 롬 8:19-23. 성경의 창조 기사와 진화론을 합치려는 것은, 어둠과의 불필요한 타협이자 이신론(Deistic) 과학자와 신학자들이 죄책감을 깨끗이 씻어내고 하나님을 향해 비난의 손가락질을 하려는 시도이다. 얼마나 위험하고 거만하며, 교만한 인본주의적 사고의 표출인가. 성경을 있는 그대로 가르치는 것보다 중요한 것은 없다.

**교수법** 과학에 관한 성경적 기초를 분명하게 가르치는 것은 철학적 견지에서 아주 중요하다. 아이들이 진화론자들의 관점을 이해하고, 그것이 왜 기만적인지 명확하게 말하게 되는 것이 중요하다.

실제적 관점에서, 응용과학은 결정적 지점이다. 공학, 전기학, 기술, 유전학, 의학, 항공술 등에서, 우리는 모든 이론을 실제로 펼치기 위한 활동분야를 발견한다. 지난날의 모든 위대한 발명가들은 과학과 자연의 기본법칙을 이용해서 인간을 이롭게 하는 기계와 도구를 개발했다. 아이들은 직접 해 보는 과학 실험, 부모와 함께하는 활동, 과학박물관 견학 등을 좋아한다. 아이들이 직접 해보는 학습에 빠져 있는 동안 과학에 관한 철학적 법칙을 가르칠 수 있다면, 그들은 그 개념을 훨씬 잘 받아들이게 될 것이다.

하지만 고등학교나 대학에 들어가기 전까지는 넓은 실험실에서 연구할 필요가 없다. 내가 아는 몇몇 친구는 집에서 고등학교 수업을 받는데도 지역 대학의 실험실을 사용하도록 허락받았다. 이것은 십 대 후반의 아이들이 선택할 사항인지도 모른다. 그리고 그 기회를 통해 당신은 아이들이 특정 분야에 오랜 기간 집중하며 연구하는 것을 보게 될 것이다.

어쩌다가 비싼 기자재들을 이미 많이 사두었다면, 아이들은 처음 볼 때만큼 흥미 있어 하지 않을 것이다. 어쩌면 다른 홈스쿨러들이 그 도구들을 활용하게 빌려주는 것을 생각해 봐야 할지 모른다. 당신은 집이나 다른 중립적인 곳에서 야간 학습을 시작해야 할 수도 있다. 이렇게 하면 당신의 교회나 후원 그룹의 아이들은 당신 자녀들이 해부 실습을 하거나 현미경으로 박테리아 관찰하는 것을 즐기는 모습을 보게 될 것이다. 어쩌면 당신 자녀의 흥미 정도를 결정하는 데 다른 부모들이 도움을 줄 수 있다. 당신 아이들이 친구들의 참여에 고무되어 그 과정에 다시 뛰어들게 될지 누가 알겠는가.

**목적** 하나님의 창조와 물리 법칙을 공부하는 것은, 그분의 영원한 능력과 신성을 이해하는 데 도움을 준다. 비록 자연이 - 특히 타락 때문에 - 하나님의 본성을 완벽하게 반영하지는 않지만, 그것은 그분의 경이로운 능력과 탁월한 지혜를 아는 데 도움이 된다.

응용과학을 통해 우리는 기술 사회로 발전했다. 우리에게는 삶의 질을 한결 높이고 생산을 더 쉽게 만들어주는 발명품이 많이 있다. 전기와 통신 네트워크는 모든 나라 사람들을 연결해주었다. 이런 발전은 우리 삶의 많은 부분에 긍정적으로 기여했다.

그러나 인간은 하나님 없이 살 수 없다는 것을 기억해야 한다. 우리는 하나님으로부터 독립된 자율적 존재가 아니다. 여러 방법을 통해 인터넷 같은 발명품은 현대의 '바벨탑'과 인본주의적 교만의 기념비가 될 수 있다. 우리의 소망과 신뢰, 믿음을 과학에 두어서는 결코 안 된다. 충성이란 경배의 여러 형태 중 하나다. 누구도 창조주 한 분 이외의 창조물을 경배해서는 안 된다.

그들은 하나님의 존재를 늘 알면서도 하나님을 인정하지도 않았고 그분의 성품이나 행하시는 일에 감사하지도 않았습니다. 그리하여 그들은 얼빠진 논쟁을 벌이고 어리석은 마음은 더 어두워졌습니다. 그들은 '지혜'의 허울을 썼으나 그저 바보가 되었습니다 롬 1:21-22.

## 수학

**논쟁** 지난 세대에는 수학에 관한 세 가지 세계관이 논쟁을 벌이며 널리 퍼져 있었다.

### 1. 모더니즘

근대주의자들은 수학이 절대적이라고 믿었다. 입증할 수 있고 예측할 수 있기 때문이었다. 근대의 세속적 인본주의자 버트란드 러셀(Bertrand Russell)은 이렇게 말했다.

"수학은 진리일 뿐 아니라 최상의 미이다. 그것은 조각상이 내뿜는 것 같은 냉정하고 엄격한 미, 더 연약한 자연의 어떤 부분에도 호소하지 않는 숭고한 미, 가장 위대한 예술만이 보일 수 있는 완벽한 능력의 미이다."

"수학은 반드시 따라야 할 절대 당위의 영역으로 우리를 인도한다. 실제 세계

뿐 아니라 모든 가능한 세계로 말이다!"

[《*The Study of Mathematics*》(수학 연구) 중에서].


근대주의자들은 삶의 초월적 목적과 의미를 입증할 절대 존재를 갈망하고 있었다고 생각한다. 다윈주의 세계관에 크게 영향받았기 때문에, 수학자들은 우연에 의한 삶을 어떻게든 스스로 입증해야 했다. 그들은 무질서와 불일치(빅뱅)가 정확성과 이성, 일치의 '미'를 초래했다는 딜레마에 빠질 수밖에 없었다. 그것은 공존하기 어려운 이분법이었다.

그래서 절망과 비이성의 세계관에 적어도 일치되기는 하는 포스트모더니즘 관점이 나타난다.


## 2. 포스트모더니즘

현대 교육자들은 문법상의 상대인 '총체적 언어'(Whole Language)처럼 절대적인 것이 필요없다고 주장하는 '신, 신 수학'(New, New Math)이나 '총체적(Whole) 수학'을 소개하려 한다. 그 방법은 통합적 수학 접근법에서 추측하기(Guessing)와 반올림하기(Rounding), 어림잡기(Approximating)를 포함한다. 당신도 알다시피, 포스트모더니즘 교육자들에게는 아이가 답에 관해 어떻게 느끼는지가 그 답의 객관적 정확성보다 중요하다. 정확성에 관한 엄격한 모더니즘적 관점보다 자존감을 높이 쳐준다. 비행기를 계속 하늘에 떠 있게 하는 수학이나 금전출납부 잔액을 맞추는 산수조차 다루지 않는 한, 그것은 훌륭한 관념이다.

## 3. 기독교 세계관

중세 유럽의 스콜라 철학을 대표하는 이탈리아 신학자 토마스 아퀴나스(Thomas Aquinas)는 이렇게 제안했다.

"우리는 하나님을 따라 그분의 사고를 생각할 수 있다. 모든 수학 법칙이 그분의 법칙이기 때문이다. 하나님의 수학 법칙에 관한 우리 지식은 불완전할 수 있고, 때로는 오류를 범할 수 있다. 그러나 그것은 인간의 연약함이지 수학 법칙에서의 상대성을 가리키는 것이 아니다. 인간이 할 일은 우주의 법칙을 찾는 것이다."

하나님도 이렇게 말씀하셨다.

"나의 생각은 너희의 생각과 다르며, 너희의 길은 나의 길과 다르다." 주님께서 하신 말씀이다. "하늘이 땅보다 높듯이, 나의 길은 너희의 길보다 높으며, 나의 생각은 너희의 생각보다 높다" 사 55:8-9.

하나님의 생각을 포괄적으로 알 수 있다고 생각한다면, 어리석은 일이다. 어떤 경우에는 그것을 정확하게 이해하는 것조차 어렵다. 그러나 하나님의 생각을 정확하게 알기 원하는 것이 그리스도인의 목적과 추구하는 바가 아니라면, 그 사람의 종교가 궁금해질 것이다. 수학은 하나님이 그분의 성품과 생각의 일면을 드러낸 또 하나의 과목이다. 수학을 적절하게 이해하기 위해 우리는 하나님을 인정해야 하고, 창조가 그분의 손길에서 나온 것임을 인정해야 한다. 수학조차 자명하지 않아서 우리는 성경적 세계관으로 그것에 접근하는 것을 피할 수 있다. 예를 들면, 범신론자는 이렇게 말한다.

"모든 것은 하나다. 모든 것은 신이다."

수학적으로 이것은 '1+1+1+1=1'이라는 공식으로 표현된다. 모든 것은 1과 같다. 종교는 모든 학문을 이해하는 데 중요한 역할을 한다. 중립적이거나 자명한 것은 아무 것도 없다.

〈기독교 교과 과정에 관한 성경적 기초〉(The Biblical Basis of the Christian Curriculum)이라는 글에서 유진 뉴먼(Eugene Newman)은 이렇게 말한다.

"수학은 중립적 과목이 아니라, 근본적으로 종교적 바탕에 기초한 과목이다. 이것이 사실이라면, 수학과 과학은 오늘날의 학교에서 가르치는 대로 가치중립적 과목이 아니라 하나님이 창조하신 학문이다. 이는 그분의 통치와 그분의 말씀의 법 아래 인간의 땅을 더 잘 다스리기 위한 것이다. 그렇다면 수학을 가르치는 것은 인본주의적 세계관과 인생관 혹은 성경적 세계관과 인생관을 장려하게 될 것이다."

## 세 가지 기독교적 접근 방식

제임스 니켈(James Nickel)은 ≪Mathematics : Is God Silent?≫(수학 : 하나님은 침묵하시는가?)라는 자신의 책에서 수학 교수(敎授)에 관한 성경적 철학을 훌륭하게 설명했다. 다음은 그 내용을 발췌한 것이다.

1. 그리스도인이 수학 교육 영역에 뛰어들 때, 그들은 세 가지 가능한 방법 중 한 가지로 수학을 다룬다. 가장 흔한 방법은 주립학교에서 일어나는 일을 그대로 반복하는 것이다. '평상시처럼' 수학을 배우고 성경도 배운다. 그러나 성경적 틀은 수학 교육과 아무 관계가 없다. 성경은 '거룩한' 과목이고 수학은 '세속적' 과목이다.

2. 다른 그리스도인들은 세속적인 것은 영적인 것으로 '세례를 받아야' 한다고 생각한다. 수학을 가르칠 때, 성경을 인위적으로 '덧붙이고' 학생들에게 '하나님의 영광을 위해 수학을 배우라'라고 강조한다.

3. 소수의 그리스도인만이 세 번째 방식으로 수학에 접근한다. 이 접근법에서 하나님은 '영적' 지식만이 아니라 모든 지식의 근본으로 여겨진다. 그분은 알아야 할 모든 것을 아시며, 모든 것을 속속들이 완전하게 아신다. 하나님에게는, 보이거나 보이지 않는 모든 창조물이 그분의 아름답고 놀랍고 무한한 속성을 반사한다. 수학이 하나님의 창조를 '가나다순으로' 독특하게 묘사한 것이기에, 우리는 그것을 읽자마자 하나님의 보이지 않는 것들을 발견하기를 기대해야 한다. 11)

**교수법** 수학의 개념과 원리는 아주 중요하다. 수학의 작동법을 알고 있다면, 아이는 직면하는 모든 문제를 해결할 수 있다. 수학은 참과 거짓 명제를 강제한다는 점에서 독특하다. 난 수학 교수법의 전문가가 아니다. 학생 입장에서 정직하게 나누자면, 나는 최선을 다해 수학으로부터 도망다녔다.

많은 교수 이론이 있지만 학생들은 문제해결의 기술을 이해할 필요가 있다. 얼마나 많이 반복해야 하는지, 얼마나 많이 연습해야 하는지 논쟁하는 교육자가 많다. 누가 알겠는가? 좋은 소식은, 아이가 문제해결 방법과 연습문제 푸는 방법을 안다면 날카로운 정신을 유지하는 데 정말로 도움이 될 거라는 점이다. 아이들은 수학의 철학과 개념을 이해해야 한다. 그렇게 되면 당신이 선택하는 교수법이 무엇이든 실제로 향상될 것이다.

아이들이 '워크북-교과서-컴퓨터-플래시카드'로 배운 수학을 실생활의 산수와 연계하지 못할까 봐 염려하는 이들이 있다. 이상적인 것은 직접 체험할 수 있는 상황 속에서 부모가 합리적 수학 기술을 가르치는 것이다. 금전출납부 잔액 맞추는 법을 배우는 가장 좋은 방법은, 실제로 직접 해보는 것이다. 분수는 집의 골격을 짜거나 빵 굽는 동안에 배울 수 있다. 유아는 치워놓은 장난감을 세는 법을 배울 수 있다.

어린이들에게는 가볍고 재미있게 하라고 제안하고 싶다. 나중에 어렵게 해도 된다. 중요한 것은 문제해결 방법을 가르치고 수학이 실생활과 어떻게 관련되는지 보여주며, 학생들을 영리하게 만들어줄 주변 장치로서 '수학 프로그램' 사용법을 보여주는 것이다.

손으로 조작하며 수학을 배우는 교구들이 홈스쿨 시장에서 점점 인기를 얻고 있다. 당신은 아이가 사용할 체험용 교구들을 확인해보고 싶을지 모른다. 아이가 참고서나 자습서로 긍정적 결과를 얻지 못한다면, 이런 것을 활용해 보기 바란다.

**목적** 우리가 섬기는 하나님은 무한히 지혜롭고 전적으로 일관되며, 영원토록 변치 않고 완벽하게 논리적인 분이다. 수학은 적어도 두 가지 목적에 기여한다.

1. 다른 모든 학문 분야에 논리적 기초를 제공한다.
2. 돌이킬 수 없는 지점에 도착하기 전에 우리의 결정이 미칠 영향을 계산하고 가늠하는 데 도움이 된다.

예수님은 이렇게 말씀하셨다.

만약 여러분 가운데 누군가가 고층 건물을 지으려 한다면, 먼저 앉아서 건물을 완성할 수 있을지 비용을 계산해보지 않겠습니까? 눅 14:28.

수학을 통해 우리는 하나님의 본질을 한층 더 이해하게 된다. 수학은 도덕적 절대를 이해하는 가장 빠른 길이다. '2 더하기 2'는 4다. 그 외에 다른 숫자가 될 수 없다. 그것은 일관적이다. 한 때는 4였다가 다른 때는 5가 되는 경우는 없다. 언제나 동일하다.

절대적인 것으로 보이는 만큼, 수학은 성경적 전제와 함께 시작할 때만 적절히 이해할 수 있다. 코넬리우스 반 틸은 이렇게 설명한다.

"이제 '2 곱하기 2는 4'라는 사실은 그리스도인과 비그리스도인에게 다른 의미가 된다. 그리스도인은 '2 곱하기 2는 4'를 수의 법칙과 연결한다. 이때 그리스도인은 수의 법칙을 모든 법칙과 연결해야 한다. 이때 직면하는 문제는 '법칙이 그 자체의 권리로 존재하는가, 하나님의 뜻과 본질의 표현인가'하는 것이다. 따라서 '2 곱하기 2는 4'라는 사실은 하나님의 본질과 뜻 안으로 더 깊이 들어가게 해준다.

한편 '2 곱하기 2는 4'라고 말할 때, 비그리스도인도 '이 사실은 법칙'이라는 전반적인 생각과 연결할 것이다. 하지만 그는 이 법칙을 하나님과 상관없는 것으로 여길 것이다. 따라서 '2 곱하기 2는 4'라는 사실 때문에 그는 하나님으로부터 더 멀어질 것이다. 그 사실은 비그리스도인을 열린 가능성이라는 큰 바다 앞에 두게 될 것인데, 그 안에서 그는 자기 삶이 하나님으로부터 떠나 있음을 깨달으려 애쓸지 모른다." 12)

기독교적 방식으로 수학하는 것은, 풀어야 할 문제를 단지 비둘기와 물고기, 십자가로 '기독교화'하는 것(예를 들면, 보리떡 두 개 + 물고기 다섯 마리 = ?)이 아니라, 아이들에게 수학의 창조주이신 하나님을 가르쳐주는 것이다.

## 언어

"말이 의미를 잃을 때, 사람들은 자유를 잃는다." - 공자

*"용어를 정의하는 사람이 세계를 다스린다."* - 존 로크(*John Locke*)

*"일부러 말을 정의하지 않은 방식으로 사용할 때, 의사소통과 내용의 환상이 주어진다. 그래서 듣는 사람은 그 말의 의미를 안다고 생각한다."*
- 프랜시스 쉐퍼(*Francis Schaeffer*) 13)

이 과목은 구어(Spoken Language)나 문어(Written Language), 그리고 해당 언어의 의사소통과 관련된 모든 것을 다룬다.

또 네가 천박한 것을 말하지 않고, 귀한 말을 선포하면, 너는 다시 나의 대변자가 될 것이다 렘 15:19.

너희에게 말한다. 사람들은 심판 날에 자기가 한 온갖 경솔한 말에 대해 해명해야 할 것이다. 너희가 한 말에 따라 유죄 선고를 받거나 무죄 선고를 받을 것이다 마 12:36-37.

**논쟁 : 이바닉스(Ebonics)와 일반적 언어 해체** '이바닉스'(흑인을 나타내는 'Ebony'와 음성학을 뜻하는 'Phonics'가 결합된 말 - 역자 주)는 흑인 위주의 영어 버전이라고 할 만한 것을 묘사하기 위해 교육자들이 개발한 용어로, 실제 영어가 아니라 전통 문법을 무시하며 판에 박히지 않은 유형의 속어이다. 그것은 랩 음악이나 그 외 슬럼가 사람들의 말투에서 발견되는 것으로 대

부분 상스럽고 저속하다. 그것은 ≪톰 소여의 모험≫이나 ≪톰 아저씨의 오두막집≫을 읽을 때 모든 독자가 유머러스한 표현이라고 생각하는 종류의 글에 들어 있다.

원래 갱들이 널리 퍼뜨린 도시의 '거리' 속어는 미국의 많은 주립학교에서 인정되고 있다. 나는 이바닉스를 인종 문제가 아니라 의사소통 문제라고 생각한다. 이바닉스는 '언어에 절대적인 것은 없다'라는 것을 나타낸다. 의사소통에서 옳고 그른 방식은 없다. 이해할 수 없는 말을 횡설수설하고 싶은 사람이 있다면, 그 역시 수용 가능하고 타당한 것이다.

진 에드워드 비스는 ≪포스트모던 시대≫에서 새로운 언어학적 해체주의자들의 상대주의적 본질에 관해 이렇게 이야기한다.

"포스트모더니즘 이론은 언어가 객관적 방식으로 세상의 진리를 나타낼 수 없다는 전제에서 시작한다. 언어는 (객관적이고 초월적인 진리 영역이 있음을 내포하는) 의미를 드러내지 않는다. 오히려 언어는 의미를 구축한다." [14]

그렇다면 언어는 액면 그대로 취할 수 없으며, 우리가 쓰는 말은 정말로 일종의 왜곡된 패러다임을 구축하고 있는 셈이다. 이는 틀림없이 가난한 비기득권자들을 폄하하고 부유한 자들이나 부르주아, 중산층의 지위를 높이기 위함이다.

달리 말하자면, 언어 외에도 모든 수단을 통해 약자들을 압도하려는 시도는 늘 있었다. 포스트모더니스트들에 따르면, 응전하는 길은 사망한 백인 유럽 남성들이 우리에게 부과한 규칙을 수용하지 않는 것이다. 자신이 직접 규칙을 정함으로써 우리는 다른 사람에게 부과할 수 있는 권력을 잡는다.

공평하게 말하면, 이 같은 언어 해체는 흑인 문화에서만이 아니라 역사상 계속해서 벌어졌다. 프랜시스 쉐퍼 박사는 당대의 선도적 적대자인 e. e. 커밍스(e. e. cummings)에 관해 이야기했다. 커밍스 씨는 다른 모든 것과 더불어 언어에 의미가 없다는 자신의 세계관을 반영하기 위해 대문자와 올바른 구두점 사용을 거부했다(내가 받은 이메일로 보건대, 커밍스는 지금도 활동 중인 거대한 팬클럽을 갖고 있고, 온라인 세상에서 활발하게 활동하고 있는 분명하다. 대부분의 이메일에서 구두점과 대문자가 실제로 존재하지 않는다).

미국 남부 주에서 소수의 교사가 아이들에게 남부 속어의 '미'(美)를 유지하는 철자와 발음 프로그램을 제안했다는 이야기를 듣기도 했다. 아이들에게 그들이 쓰는 어휘에서 속어를 빼라고 하는 대신, 그들의 구어체 용어를 교과서에 포함하는 방안을 모색 중이다.

공통의 문법 규칙뿐 아니라 적절한 구어체와 문어체를 사용하라고 권장할 필요가 있다. 우리는 영어뿐 아니라 모든 언어에서 일정 기준과 의사소통의 절대적인 것을 인정하고 그 규칙들을 고수해야 한다. 명료한 의사소통은 하나님의 본질을 반영하고, 언어가 나뉘어 뒤죽박죽된 '바벨탑'은 복이 아닌 저주를 반영한다.

그리스도인으로서 우리는 정확한 말에 관한 기준을 고수해야 한다. 하나님이 하실 말씀을 신중하게 선택하시듯 우리도 그래야 한다. 하나님은 뜻하신 바와 말씀하신 내용이 언제나 일치하는 분이다. 하나님 형상의 담지자인 우리는 의사소통 방법에서도 그분의 본을 따라야 한다.

### 작문(Writing)

홈스쿨 컨퍼런스에서 강의하고 있던 나는, 다른 워크숍에 참석할 기회를 얻었다. 나는 가능한 한 언제나 다른 지도자들의 생각 듣기를 좋아한다.

당시 워크숍을 진행하던 여성은 작문 분야에서 활동하며 지방 대학에서 영어를 가르치고 있었다. 그녀가 이렇게 말할 때까지는 난 잘 버티고 있었다.

"우리가 무언가를 쓰는 목표는 생각을 전달하는 것이 아닙니다. 쓰기 위해 쓰는 것이 주요 목표입니다. 모든 것에 관해 쓰십시오. 주제가 무엇이든 상관없습니다. 그냥 쓰세요!"

나는 이런 생각을 하며 앉아 있었다.

"그렇구나! 여태까지 단 한 번도 글쓰기 프로그램을 성공적으로 마치지 못한 이유가 바로 이거였군."

주제에 상관없이 글을 쓰는 것은 내게 완전 미친 짓처럼 보였다. 다른 사람에게 아무런 영향도 미치지 않는 글을 쓰는 것은 더더욱 무가치하게 느껴졌다.

우리는 다른 사람에게 정보를 주거나, 확신을 주거나, 설득하고 격려하거나, 도전하기 위해 글을 쓴다. 그런 의미에서 메시지나 독자 없이 글을 쓰는 것은 벽에다 '무(無)의 중요성'을 강의하는 것과 같다. 왜 그럴까?

**교수법** 내 여동생들은 글쓰기 기술을 날카롭게 다듬을 정말로 재미있는 방법을 개발했다. 그들은 〈더 글로브〉(The Globe)라는 16면짜리 신문을 만들었다. 가족과 가까운 친구들 외에는 아무도 이 신문을 실제로 보지 못했다. 하지만 그들은 신문을 정말 잘 만들었다. 그것은 뉴스 형식으로 꾸며졌는데, 사건이나 시사적 내용을 다루는 대신 스피노자와 세익스피어 같은 역사적 인물에 관한 글이 주를 이뤘다. 그들은 '신장 기능'이나 '매사추세츠 주 식민지 만에서의 생활'같은 주제로 글을 썼다.

이 일을 통해 그들은 컴퓨터 다루는 법과 디자인, 인쇄와 창조적 글쓰기, 조사와 편집 등을 배웠다. 나는 여동생들을 보며 이렇게 생각했다.

"정말 괜찮은 생각이야! 난 왜 이런 생각을 못 했지?"

요점은 이것이다. 이 일로 내 여동생들이 자기 생각과 사상을 표현하는 법을 배웠다는 것이다.

그들은 또한 '풍성한 가족의 밤' 행사를 주최해서 자신들이 쓴 다양한 글을 낭송하거나 연극으로 표현했다(당시 왕성한 식욕의 젊은이로 자라고 있던 나는, 그들이 미리 다과를 준비해서 연극의 막간에 차려준 것에 특히 감사했다).

뉴스 레터를 구상하느라 배를 놓친 적도 있지만, 나는 말 잘하는 기술을 개발할 재미있는 방법을 고안했다. 열네 살 때, 나는 십 대들을 위한 지역 라디오 프로그램을 시작했다. 당시 사회 문제에 관해 십 대들을 인터뷰하고, 인생 전반에 관한 그들의 의견을 들었다.

넓은 의미의 라디오 방송을 생각하면 성공적이지는 않았지만, 나는 그 일을 하면서 인터뷰 진행에 자신감을 얻었고, 그 경험은 직업을 찾는 데 큰 도움이 되었다. 지금도 나는 자주 라디오 토크쇼에 패널로 초대받는데, 그것은 의사소통 경험에 아주 유용하다. 십 대 때 나는 청년 모임이나 십 대 청중에게 강사로 초청받기도 했다. 그 역시 대중 강사들이 흔히 경험하는 초조함을 극복하는 데 도움이 되었다. 젊은이들은 의사소통 기술을 연마하기 위해 가능한 한 많은 방법을 찾아야 한다.

**목적** 인간은 지구상에서 문자 언어를 가진 유일한 피조물이다. 자기 민족의 문자를 갖고 있지 않은 사람들도 서로 의사소통하는 법을 개발해 사용하고 있다.

우리는 토론하고 대화하면서 의사소통을 배운다. 창세기의 '바벨탑' 사건 이후로 인간은 서로에게 의사를 전달하고 이해시키느라 고생하고 있다. 의사소통할 때 우리는 어느 부분에서 서로의 의견이 일치하거나 불일치하는지 알게 된다. 이해하고 이해시키는 것은 어떤 분야, 무슨 일에서든 성공의 중요한 열쇠다.

하나님 나라를 위해 세상에 영향을 미치려면, 자기 생각을 효과적으로 전달할 수 있어야 한다. 의사소통 전문가인 내 친구 앨런 홀루베스코(Alan

Holubesko)는 이렇게 말한다.

"리더십의 진정한 시험대는 영향을 미치는 능력이다." 15)

나는 늘 의사소통에 열정적이었다. 어머니는 9개월 때 말을 시작한 이
래로 내가 입을 다물지 않는다고 말씀하셨다! 글이든 말이든, 효율적 의
사소통은 이해와 오해 사이의 차이를 만들어낸다.

그러나 의사소통에서 가장 중요한 요소는 메시지다. 중요한 메시지가
없으면, 의사소통은 의미 없는 의식이 되어버린다. 아무리 달변이라도 하
나님의 진리를 전달하지 않는다면, 그 안에는 영원한 가치가 없다.

우리는 명료하고 초점 있는 메시지를 전달할 뿐 아니라, 그 메시지를
진정으로 믿고 그대로 살아야 한다. 내가 지금까지 만난 사람 중에서 최
고의 의사소통 전문가인 켄 데이비스(Ken Davis)는 이렇게 말한다.

"메시지를 나누려는 열정은 의사소통을 돕는 에토스[Ethos, '성격'과 '관습'을 의
미하는 고대 헬라어로, 말하는 사람(話者)의 고유 성품을 뜻함 - 역자 주]의 일부이기
도 하다. 청중은 자신이 전하는 메시지를 깊이 믿는 강연자의 메시지에 열광한
다." 16)

그저 마음을 다해 그리스도께 온전히 헌신하십시오. 여러분이 소망을 품은 이

유를 알고 싶어 하는 이가 있으면 언제든지 차분하고 경건하게 답할 수 있도록 준비하십시오. 온전히 깨끗한 양심을 품으십시오. 그러면 사람들이 여러분을 악하다고 비방하다가도, 여러분의 선하고 그리스도인다운 행실을 보고 부끄러움을 느낄 것입니다 벧전 3:15-16.

## 의사소통

의사소통은 하나님 마음속에도 있다. 하나님은 자신을 우리에게 드러내기 원하시는 분이다. 그분의 피조물인 우리 역시 자신을 표현하려는 열망을 갖고 있다. 인간에 관한 하나님의 자기 계시인 성경에서 우리는 "하나님이 말씀하셨다"라는 구절을 자주 만나게 된다. 그중 요한복음 1장 1절에 "태초에 말씀(로고스)이 계셨으니"라고 기록되어 있는데, 헬라어 단어 '로고스'(Logos)는 '총명하게 말하다'라는 의미도 갖고 있다.

20세기 영국의 뛰어난 작가이자 기독교 사상가인 도로시 L. 세이어즈(Dorothy L. Sayers)는 자신의 글 〈잃어버린 배움의 기술〉(The Lost Tools of Learning)에서 그리스의 삼학과(Trivium), 즉 문법(Grammar)과 논리학(Logic), 수사학(Rhetoric)에 관해 이야기한다. 이 배움의 세 단계에 따라 학생들은 오류를 제거하려고 애쓰는 논리 단계에서부터 사실이 신념이 되는 이해 단계, 그리고 최종적으로 대화의 수사적 단계와 신념의 방어 단계(변증학)로 성장하듯 옮겨간다.

로고스는 다음의 의미를 포함하는 심오한 단어이다.

**지능**: 지능, 담론, 말, 사물의 표현으로서의 단어(문법)

**이성**: 강연과 합리성의 기초인 영혼의 힘으로서의 추론 능력(논리)

**어조가 강한 말**: 의미를 담아 말하기, 선언, 감정 표명. 단어 또는 말, 의미 있는

대화, 담론, 스피치, 장황하게 늘어놓는 행위(수사학) 17)

'야슈아'(Yashua, 예수의 히브리어식 발음 - 역자 주)는 최종적(Final) 이성이며
존재에 관한 이론적 근거인 야훼(Yahweh)의 '말씀'으로 그리스 문화 한가운
데 들어왔다. 그는 전능한 하나님의 완벽한 표현과 의사소통이 되기 위해
오셨다. 하나님은 창조물을 통해 말씀하셨다 시 19:1, 롬 1:20. 그분은 율법과
선지자를 통해 말씀하셨다 히 1:1. 성육신하신 예수 그리스도 안에서 우리
는 하나님의 궁극적 표현을 발견한다 히1:2. 하나님은 오늘날도 여전히 그
분의 말씀과 성령을 통해 우리에게 말씀하신다. 하나님의 형상대로 지음
받았기에 우리도 말하기를 갈망한다. 우리는 하나님 영광을 선포하기 위
해 의사소통한다.

또한 우리는 감정을 표현하기 위해서도 의사소통한다. 감정은 의사소
통을 유발한다. 우리는 감정을 말로 표현한다. 이런 식으로 우리는 사랑,
돌봄, 자비, 분노, 마음을 표현하신 하나님을 닮은 존재들이다.

## 철학

철학(Philosophy)은 '지혜를 향한 사랑'을 뜻한다[헬라어 단어 '필로스'(Philos)는 '사랑', '소피아'(Sophia)는 '지혜'라는 의미이다].

지혜를 사랑하는 아들은 아버지를 기쁘게 하지만 잠 29:3.

다음은 철학의 주요 영역들이다.

**신**(God) : 궁극적으로, 신 존재에 관한 질문은 모든 철학 체계의 근본이다.

**형이상학**(Metaphysics) : 초월적 실재 혹은 실재의 본질에 관한 학문. 형이상학은 경험의 특징이 현실적이고 분명한 것에 관한 학문으로, 초자연적인 것은 무엇이든 이 범주에 속한다.

**인식론**(Epistemology) : 지식에 관한 학문. 이 단어가 유래된 헬라어 단어 '에피스테메'(*Episteme*)는 '지식'이라는 뜻을 갖고 있다. 그것은 알릴 수 있는 것과 그것을 알릴 방법, 그리고 그에 관해 확신할 방법을 다룬다.

**윤리학**(Ethics) : 옳고 그름 - 도덕 - 에 관한 학문

**인류학**(Anthropology) : 인간과 인간 본성, 인간이 서로 관계하는 법에 관한 학문

**가치 이론**(Value-theory) : 무엇이 중요한가에 관한 학문

**미학**(Aesthetics) : 아름다움과 예술에 관한 학문

## 논리학(Logic): 올바른 추론의 원리

**논쟁** 기독교계에 철학에 관한 특정 우려가 있다는 것을 알게 되었다. 세속적이고 인본주의적인 철학자들의 가르침이 아이에게 해롭다고 생각하는 부모가 많다. 이런 경향은 그리스도인의 홈스쿨에서 아주 중요한, 부모의 보호에 관한 건강한 감각을 반영하는 것 같다.

이것은 자녀들의 공부와 건강뿐 아니라 영적인 면까지 염려하는 부모의 마음을 나타낸다. 그러나 너무 열정적으로 환호하기 전에, 아직 논의되지 않은 - 우리가 염려해야 할지 모를 - 중요한 다른 문제들을 동일한 관점에서 정해야 할 수도 있다. 그렇게 된다면 우리는 그것들을 객관적으로 평가할 수 있을까?

그리스도인이 다른 사람의 신앙에 겁을 집어먹는다는 게 가능한 일일까? 그들이 자기 신앙의 기초를 더 확고하게 표현할지 모른다고 생각해서, 그것이 우리를 철저하게 파괴하고 우리가 진리에 관한 그들의 주장을 철저히 검증하거나 도전하지 못하게 될 가능성은 전혀 없을까?

어떤 그리스도인들은 기독교의 기초가 기독교와 경쟁하고 있는 다양한 세계관에 홀로 맞설 만큼 강하지 않다고 생각한다. 물론 교리적 입장만 붙들고 있는 것으로도 충분할지 모른다. 하지만 철학이나 사회 윤리학, 대중문화 같은 분야로 들어가면, 그 무대가 너무 제한적이 될 것이고 우리는 분명 당황해하거나 끝장나고 말 것이다.

그러나 나는 기독교의 기초가 훨씬 풍부해서 그리스도인들이 특정 학문이나 분야를 품으려고 노력할 때 능히 지원하고도 남는다고 도전하고 싶다. 우리에게는 여전히 우리의 학문을 인도해줄 경계선이 필요하다. 여덟 살짜리에게 니체의 글을 읽으라고 하고 싶지 않다. 그 아이가 잃어버린 이교도의 영혼이 두서없이 쏟아낸 글을 비판할 거라 기대하며 말이다.

모든 일에는 다 때가 있다. 세상에서 일어나는 일마다 알맞은 때가 있다 전 3:1.

철학과 세계관에 관해 집중적으로 공부하기 적절한 시기는 고등학생 때다.

### '전제적인'(Presuppositional) 대 '증거에 기초한'(Evidential)

코넬리우스 반 틸은 기독교 변증학에 '전제적 접근법'(Presuppositional Approach)을 적용한 것으로 정평이 나 있다. 그는 어떤 것이 근본적으로 참이라고 두 사람이 동의하지 않으면, 둘 사이에 합리적 방식으로 담론이 이뤄지지 않는다고 지적했다. 우리는 일정한 토대 또는 전제가 필요하다. 그 위에 자산의 세계관을 세우기 때문이다.

예를 들어 내가 홈스쿨 워크숍을 열어서 다음과 같이 말했다고 하자.

"모든 인간은 죄성 - 하면 안 되는 것을 하려고 하는 경향 - 을 가지고 태어난다."

나는 이것이 당연한 사실이라고 여기며, 현장에 있는 모든 참석자가 동의하고 받아들일 거라고 예상한다. 그런데 그렇지 않다. 나는 인간의 타락한 본성을 다룬 성경 말씀을 인용하지만, 청중은 그것을 곧이 듣지 않는다.

세속적 사고방식에 사로잡혀 있는 그들은 마치 이렇게 말하는 것처럼 날 쳐다본다.

"물론, 성경은 우리가 죄인으로 태어났다고 말하죠. 하지만 성경이 참이라는 걸 우리가 어떻게 알 수 있죠?"

우리는 이에 관한 전제적 기초를 세우고 난 뒤에야 비로소 토론을 계속할 수 있다. 그러나 기초 작업을 마칠 즈음에는 본래 내용을 다룰 시간이 모자랄 것이다!

## 전제주의(Presuppositionalism)

전제주의 사고는 자신이 생각하는 전제가 참이라는 데서 출발하는 연역적 추론과 아주 비슷하다. 전제가 정말 참이라면, 그다음에 다른 사실들을 논리적으로 끌어낼 수 있다. 예를 들어, 그리스도인은 하나님이 존재하신다는 전제로 시작한다. 만약 그 출발점이 참이라면, 다른 것도 참임에 틀림없다. 많은 존재론적 증명들은 우리가 하나님의 존재하심과 관련해서 어떤 가정을 갖고 있는가에 달려 있다. 전제적 논증에서는, 일반 명제로 시작하여 특수 명제를 향해 논증한다.

예를 들면 이렇다. 하나님은 존재하신다. 하나님이 존재하시기에 나에겐 그분이 내게 기대하시는 것을 찾아낼 의무가 있다. 나는 그분의 법을 따라야 한다. 우리는 이 전제에 영향받은 모든 영역을 계속해서 추정해갈 수 있다. 다른 연역적 논법과 마찬가지로, 우리는 자신이 올바른 가정을 하고 있다고 절대 확신해야 한다. 그렇지 않으면 다른 모든 것이 균형을 잃게 될 것이다.

십 대 시절, 같은 교회 홈스쿨러 청소년들과 함께 홈스쿨러 아빠들에게 나침반 사용법을 배운 적이 있다. 우리는 모두 같은 지도에 나침반을 맞춰놓고 넓은 들판을 가로질러 걷기 시작했다. 들판 건너편에 도착할 즈음, 우리는 같은 지점에서 출발했다는 것을 믿을 수 없을 만큼 흩어져 있었다. 실제로 겨우 소수의 친구만 올바른 지점에 도착할 수 있었다. 약간의 오류는 시간이 흐른 뒤 거대한 오류로 발전할 수 있다.

### 증거주의(Evidentialism)

증거에 기초한 접근법은 귀납적 추론과 비슷하다. 그것은 특수한 사실을 토대로 일반 원리를 끌어내는 방식으로 논증한다. 창조과학이나 성경적 고고학, 역사적 변증학은 (전부가 아닌) 상당 부분 증거주의 접근법을 취하고 있다.

귀납적 추론 형태와 마찬가지로 이 접근법에도 오류가 생길 가능성이 존재한다. 많은 사람이 '토리노의 수의'를 그리스도 십자가 수난의 역사성에 관한 증거로 생각했다. 그 수의는 땀과 피로 얼룩져 있고, 십자가 처형을 당한 남자의 모습이 나타나 있는 천이다. 중세 성당 기사단이 그 천을 보관했고, 그것을 예수의 실제 수의라고 주장했다는 전설이 있다. 실제 증거는 기껏해야 피상적일 뿐이고, 오늘날의 탄소 연대 측정 결과 그 천은 13세기 것으로 밝혀졌다.

한편 정말로 많은 사람에게 신비감을 준 그 수의를 둘러싼 의문점들은 여전히 남아 있다. 그 증거가 의심의 그림자 너머에 있는 어떤 것도 결코 증명하지 못하기 때문이다. 설령 그 수의가 1세기 것이고, 모든 흔적이 예수의 죽음에 관한 성경 기사와 일치하는 것을 증명한다 해도, 그것이 예수님의 수의임을 말해주는 것은 아니다. 같은 시대에 십자가형을 당한 다른 남자에게 사용한 수의일 수도 있기 때문이다. 이런 경우, 증거가 개연성을 보여주거나 우리의 신앙을 뒷받침해 줄 수는 있지만, 그것이 전부다.

아리스토텔레스는 철학의 역사 초기에 '원동자'(Prime Mover, 자신은 운동하지 않으면서 모든 사물을 움직이게 하는 것 - 역자 주) 혹은 '부동의 동자'(Unmoved Mover)를 발견할 거라고 가르쳤다. 모든 사람에게는 스스로 믿음으로 받아들인 절대적인 것이 존재한다. 그리고 인간은 거기서부터 추론을 행사한다. 그 방식을 따라 우리는 자신의 전제를 뒷받침할 증거를 찾거나 진리를 시험한다.

예수님은 "내가 곧 길이고, 진리이고, 생명이다"라고 말씀하셨다 요14:6. 우리는 믿음으로 그것을 믿는다. 하지만 이것은 지극히 합리적인 믿음이다. 모든 증거가 예수님이 스스로 주장한 바로 그분이라는 사실을 뒷받침하기 때문이다.

나는 개인적으로 전제주의와 증거주의를 조금도 적대시하지 않는다. 기독교 변증론자들 대부분은 자신이 사실로 받아들인 특정 전제로부터 시작한다. 그리고 그들은 그 논증에 관한 전제적 기초를 갖고 있다. 스스로 증거주의자라고 부르는 사람들조차 효과적인 논증을 위해 전제주의적 방법을 빌려와야 한다. 다른 면에서 보면, 전제주의자들도 논증할 때 증거를 사용한다(논증의 출발점은 아니고 증거주의자들이 하는 정도까지만). 문제는 '어떤 방법을 사용하는가'가 아니라 '두 방법을 어떻게 조화롭게 사용할 것인가'이다.

**교수법** 부모는 홈스쿨의 다른 모든 면과 마찬가지로 철학에 깊이 관여해야 한다. 부모는 질문을 던지고 하나님 말씀과 철학자들의 가르침을 비교하게 해서 아이들에게 도전할 수 있다.

나는 학생들이 기독교 변증학을 먼저 공부한 후에 세속 철학 영역을 파고들면 좋겠다. 전제주의와 증거주의 변증학의 타당한 기초를 갖게 되면, 아이는 인식론적 기초를 얻게 되며 그로부터 진리에 관한 각종 주장을 평가할 수 있다.

중학생은 미국의 복음주의 변증가요 전도자인 조시 맥도웰(Josh McDowell)의 책부터 읽고 싶어 할지 모르겠다. 그는 어려운 이론을 쉽게 풀어 설명하는 놀라운 능력을 가진 사람이기 때문이다. 맥도웰의 관점은 견고하고 확실하며 철학 관련 배경지식이 없는 사람도 쉽게 접근할 수 있다. 고등학생과 대학생에게는, 데이비드 노에벨(David A. Noebel)의 ≪충돌하는 세계관≫(Understanding the Times)이 훌륭한 자료가 될 것이다. 노에벨 박사는 생물학, 법학, 정치학, 심리학, 철학, 경제학 등 다양한 학문 영역을 통해 마르크스/레닌주의와 세속적 인본주의, 기독교 세계관을 대조한다. 이 책은 세계관 관련 필독서에 꼭 들어가야 할 책이다.

오랜 시간 찾아 헤매다가 마침내 찾아낸 훌륭한 철학 교과서가 있는데, 바로 로널드 H. 내시(Ronald H. Nash)가 쓴 ≪Life's Ultimate Questions : An Introduction to Philosophy≫(인생의 궁극적 질문: 철학 개론)이다. 이 책은 일반 교과서로 사용해도 손색없을 만큼 탁월한 내용과 구성을 담고 있다. 성경적 세계관으로 아주 간결하게 정리해 놓은 철학책을 원한다면 꼭 읽어보기 바란다.

그다음으로 프랜시스 쉐퍼 박사의 책을 권하고 싶다. 대부분 그의 책 중에서 ≪그러면 우리는 어떻게 살 것인가≫(How Shall We Then Live?)나 ≪거기 계시는 하나님≫(The God Who Is There)부터 읽으려고 하겠지만, 나는 ≪No Little People≫(가치 없는 사람은 없다)이나 ≪진정한 영적 생활≫(True Spirituality)을 먼저 권하고 싶다. 신학을 공부하지 않은 사람이 읽기 쉽게 쓴, 쉐퍼 저서들의 입문서로 딱 좋은 책들이기 때문이다. 물론 ≪프랜시스 쉐퍼 전집≫(The Complete Works of Francis Schaeffer)을 읽어도 좋다. 포스트모더니즘을 공부하려고 한다면, 먼저 근대 사상에 정통한 쉐퍼의 책을 읽어볼 것을 권한다.

그다음으로는 라비 재커라이어스나 노먼 가이슬러(Norman Geisler), J. P. 모어랜드(. P. Moreland), 제임스 사이어(James Sire), R. C. 스프라울(R. C. Sproul) 같은 뛰어난 신학자와 사역자들이 기독교 변증학 영역에 크게 기여하고 있다.

또한 트리니티 재단(Trinity Foundation)의 고든 H. 클라크(Gorden H. Clark) 박사는 세속 철학에 관해 유익한 통찰을 준다. 그가 세속 철학자들에 관해 쓴 비평서를 읽고 난 후에 세속 저자들의 책으로 뛰어드는 게 좋다고 생각한다. 앞에서 언급한 다른 저자들의 책보다 훨씬 어렵지만, 그 안에 담긴 지식은 매우 유익하다. 그밖에도 수백 명의 위대한 기독교 철학자와 문화 비평가, 사회 분석가들이 있다. 활용할 수 있는 모든 자료를 언급하는 것은 불가능하지만, 이 책에 언급한 것만으로도 어느 정도 당신의 필요를 채울 수 있을 것이다.

늘 당신이 읽는 책을 쓴 철학자들이 누구의 영향을 받았는지 잘 살펴보기 바란다. 예를 들어, 저널리스트 맬콤 머거리지(Malcolm Muggeridge)와 C. S. 루이스는 G. K. 체스터턴(G. K. Chesterton)에게 큰 영향을 받았고, 라비 재커라이어스는 앞의 세 사람 모두에게 영향을 받았다. 다양한 관점을 공부하는 습관을 들이고 그것을 성경에 비추어 평가해 보라.

**목적** 모든 사람은 세계관을 가지고 있다. 모든 사람은 인생에 관한 철학을 갖고 있다. 문제는 '철학 공부를 할 것인가 말 것인가'가 아니라 '어떤 철학을 공부해서 어떤 철학을 고수할 것인가'이다. 우리는 모두 자신의 삶을 지배하는 신념체계를 갖고 있다. 자신의 인식론적 관점을 체계적으로 범주화하는 사람은 극히 드물지만, 그런데도 그런 관점들은 존재한다.

불신자뿐 아니라 그리스도인도 자신이 믿고 그 믿음으로 받아들인 것에 따라 살아간다. 부모는 아이들이 삶에 관한 근본적 질문을 통해 생각하도록 도와야 한다. 하나님은 존재하시는가? 성경은 믿을 수 있는가? 우리는 왜 여기 있는가? 절대 진리는 존재하는가, 아니면 모든 관점이 동일하고 타당한가?

이것들은 아이들이 생각해야 하고 마음속에 정립해야 할, 인생에 관해 꼭 필요하고 기본적인 질문들이다. 결국 인생에 관한 가장 기본적인 질문들은 믿음의 행위로 귀착된다. 하나님의 존재를 증명할 수 없기에 우리는 '그분을 믿을지 안 믿을지'만 결정할 수 있다. 그런뒤에, 과학자가 가설을 검증하는 것과 같은 방식으로 자신의 믿음을 살피는 것이다.

우리가 전제로 삼은 믿음과 그 증거가 일치하는가? 나는 하나님이 실재하시며 인간사에 깊이 개입하신다는 것을 '알아가며' 성장했다. 내 인생에서 하나님의 존재를 믿지 않은 적은 한 번도 없었다. 그런 믿음과 함께 성장했기 때문에, 나는 내 전제적 믿음과 모순되는 특정 증거에 환멸을 느꼈을 것이다. 그리스도인을 허약한 지식과 단순한 사고방식을 가진 사람들로 여기고 거부했을 수도 있다. 하지만 나는 나를 돌보시고 예수 그리스도라는 '사람의 모양'으로 자신을 나타내신 여호와 하나님, 초월적이고 거룩하신 분을 믿기에, 우리 조상들이 취했던 그 믿음 안에서 오늘도 살아갈 수 있다는 것을 굳게 확신하게 되었다 **딤후 1:5**. 내가 삶으로 겪은 분명한 체험이 복음 진리를 언제나 입증하고 있다.

사람들은 저마다 이런저런 철학을 좇아 살아간다. 문제는 이것이다. "우리는 어떤 믿음의 체계를 따라 살아야 하는가?"

우리는 아이들에게 성경의 진리를 믿으라고 자신 있게 말할 수 있다. 삶의 모든 영역에 이 진리를 적용할 때 그것이 맞다고 하나님이 직접 입증하실 것을 알기 때문이다. 아이들에게 하나님의 지혜와 사랑을 심어줌으로써 당신은 하나님이 약속하신 기쁨을 맛보게 될 것이다.


## 문학


"책을 쓰는 것은 끝이 없다." - 솔로몬 왕


"고전은 누구나 읽히고 싶어하면서도 아무도 읽으려 하지 않는 것이다."
- 마크 트웨인(Mark Twain)


"자기 소유의 좋은 책 몇 권과 함께 인생을 시작하는 것은 위대한 일이다"
- 아서 코난 도일(Sir Arthur Conan Doyle)

**논쟁** 소위 문학 분야의 한계 안에서 픽션 분야와 논픽션 분야가 독자들의 주목을 받으려고 경쟁하고 있다. 논픽션 분야에는 다양한 전기, 자서전, 역사 이야기, 철학적인 글, 교훈적인 글, 교육적인 글, 영감을 주는 글 등이 있고, 픽션 분야에는 역사 소설, 로맨스 소설, 과학 소설, 탐정 소설, 어린이들의 동화책, 신화, 민간 전설 등이 있다.

## 고전(Classics)

그리스도인 홈스쿨러 사이에서 펼쳐지는 주요 논쟁은 '고전을 자녀 필독서에 포함하는 것이 유익한가 그렇지 않은가'이다. 그리고 이와 관련된 또 다른 논쟁은 '고전을 구성하는 것은 무엇인가'이다. 추천 도서목록에 포함시키려면 어떤 기준을 적용해야 하는가?

물론 객관적 독서와 주관적 독서에 관한 논쟁도 있다. 문학 전문가 사이에서 해석은 큰 이슈다. 우리는 고전 혹은 그 외의 문학작품을 어떻게 '해석'하는가? 저자가 그 책에 부과한 객관적 의미가 있는가? 아니면 저자가 책에 담은 의미에 관해 독자들이 자기 생각을 구축하기를 기다리며 단어들이 이리저리 표류하고 있지는 않은가?

## 근대주의

근대에서는 특정 학파가 초등·고등 학습기관에 맞는 고전을 선택하는 데 기여했다. 학자들은 문체와 파토스(Pathos, 연민을 끌어내는 능력 - 역자 주), 글의 독특성을 평가하곤 했다. 그리고 그들은 일정한 절대적 기준을 적용해서 양질의 책을 골라냈다. 예를 들어, '위대한' 작가로 분류되기 위해서는 영어를 일정 부분 구사할 능력이 있어야 하는데, 이것은 필수조건 중 하나였다.

이런 기준으로 보면, 에드가 앨런 포(Edgar Allen Poe) 같은 작가는 미쳤거나 우울한 기질의 사람으로 여겨질 수 있겠지만, 그는 여전히 우리 시대의 문학적 천재 중 한 사람으로 알려져 있다. 근대에는 책 내용이 기독교 가치와 일치해야 할 필요가 없었다. 하지만 일정한 학문적 기준에는 맞아야 했는데, 이것은 귀족 문화가 일반 문화에 정책을 지시하던 때로부터 내려온 생각들이었다.

**근대주의자들의 해석** 해석과 관련해서 근대주의자들은 저자가 책을 쓸 때 사실상 마음속으로 특정 생각을 한다는 신념을 고수했다. 대부분은 아니지만 많은 고전 작품이 저자와 동시대를 살아가는 독자들이 잘 이해할 강력한 정치적 의도를 담고 있었다고 생각했다.

근대주의자들은 백 년 혹은 그보다 더 세월이 흐른 뒤에는 (문화적 상황이 전혀 다르기 때문에) 저자의 의도를 독자가 이해하기 어려울 거라고 생각했다. 하지만 그들은 자신의 세계관을 책에 부여한 독자만이 저자의 의도를 온전히 이해할 수 있다는 주장에는 쉽사리 동의하지 않았다.

## 포스트모더니즘

포스트모더니즘 문화에는 더 이상 높은 자리에서 칭송받던 성공한 문학 비평가들이 존재하지 않는다. '고전'에 관한 최종 테스트는 포스트모더니스트들이 그 외 다른 모든 것을 결정할 때 적용하는 방식대로 과반수 원칙으로 마무리된다. 어떤 책의 제목이 뉴욕타임스 베스트셀러 목록에 올라오면, 그것은 학교 교실에서 읽을만한 고전으로 여겨진다.

대학생들은 스티븐 킹(Stephen King)이나 셜리 맥클레인(Shirley McClain)을 찰스 디킨스(Charles Dickens)나 윈스턴 처칠(Winston Churchill), 세익스피어와 동일 선상에 올려놓고 공부하고 평가한다. 포스트모더니즘 사회에서는 인기 있는 것이 - 그것이 무엇이든 - 도서관과 문학 수업의 기준으로 자리 잡으면서, 성경적 기준과 함께 전통적이고 일반적인 문학적 기준도 버림받게 되었다.

나는 아동 문학계에 일어나고 있는 변화를 알아보기 위해 종종 도서 카탈로그를 살펴본다. 몇몇 대형 출판사들은 아직도 건전한 가정 도서를 펴내고 있지만, 사실상 모든 비기독교 출판사가 기독교를 적대시하는 쪽으로 이동하고 있는 것 같다.

'비치트리북스'(Beech Tree Books)라는 출판사에서 펴낸, 스테파니 S. 톨런(Stephanie S. Tolan)의 ≪Save Halloween≫(핼로윈을 구원하라)이라는 책이 있다. 이 책은 '아이들이 마녀나 악마처럼 옷 입는 것을 싫어하는' 목사 아빠를 둔 어린 여자아이가 주인공으로 등장한다. 가족이 '사탄의 휴일을 없애라'라는 캠페인을 시작하자, 아이는 자신만의 캠페인을 시작한다. 이런 책은 기독교를 조롱하고 아이들이 가족에게 등을 돌리게 만든다.

1977년 '윌리엄 모로'(William Morrow) 출판사의 가을 시즌 카탈로그에는 애덤 맷순(Adam Matsoon)의 ≪The Shared Heart : Portraits and Stories Celebrating Lesbian, Gay, and Bisexual Young People≫(함께하는 마음: 레즈비언과 게이, 양성애자 젊은이들을 축하하는 초상화와 이야기들)이라는 책이 있었다. 다음은 카탈로그에 실린 소개 글이다.

"서른아홉 명의 젊은이가 솔직 담백하게 자신들이 동성애자라고 밝혔습니다. 정직과 용기를 담은 그들의 글은 모든 사람의 인정과 존중을 받고 싶은 기본 욕구를 표현하고 있습니다."

'새로운 전제주의자'(New Absolutist)들이 자신들의 의제를 공격적으로 들이밀고 있다. 그러므로 그리스도인 부모는 이런 사실을 알아야 한다. 자유주의자들이 자기 마음대로 활동하게 된다면, 이런 책들은 ≪크리스마스 캐롤≫(A Christmas Carol)이나 ≪Red Badge of Courage≫(붉은 무공 훈장)와 어깨를 나란히 하게 될 뿐 아니라, 대중음악이 클래식 음악을 대신한 것과 같은 방식으로 문학계의 고전들을 흩어버릴 것이다.

**포스트모더니스트들의 해석** 역사와 예술의 객관성을 의심하는 것과 마찬가지로, 포스트모더니스트들은 문학이 진정으로 나름의 할 말을 갖고 있는지에 대해서도 의심한다. 이것은 언어 해체(Deconstruction of Langauge)로 거슬러 올라간다. 일반적이고 절대적인 기초 위에서 단어들은 의미가 없다. 의도된 의미를 자신의 의제에 맞추기 위해 해체할 때, 그것들은 철저히 나에게만 의미 있을 뿐이다.

예를 들어, 나는 ≪톰 아저씨의 오두막집≫(Uncle Tom's Cabin)이 미국의 흑인들을 경멸하는 내용을 담고 있어서 여러 곳의 도서목록에서 제외되었다는 글을 읽은 적이 있다. 이것은 지극히 포스트모더니즘적이자 정치적 올바름(Politically-Correct)을 고수하려는 관점이다. 그러나 저자 해리엇 비처 스토(Harriet Beecher Stowe)가 ≪톰 아저씨의 오두막집≫을 집필한 것은 극악무도한 노예제도를 마땅히 폐지해야 한다는 메시지를 전하기 위해서였고, 이것은 저자의 기독교 세계관으로 말미암은 것이다.

흑인을 깎아내리는 것이 저자의 진짜 의도였다고 하는 문학 교수들의 주장에 얼마나 타당성이 있는지 모르겠다. 나의 요점은 저자가 ≪톰 아저씨의 오두막집≫을 쓰는 목적을 객관적으로 천명했다는 것이고, 책이 출판된 당시 대중이 그녀가 진술한 관점과 목표가 일치한다고 받아들였다는 사실이다. 하지만 오늘날 ≪톰 아저씨의 오두막집≫의 놀라운 영향으로 자유로운 몸이 된 이들의 후손들은 이 책을 맹렬히 거부하고 있다.


## 기독교 세계관

그리스도인으로서 우리는 포스트모더니즘 책뿐 아니라 근대주의의 수

많은 '고전' 작품도 아이의 정신적·영적 건강에 해롭다는 것을 인식해야한다. 선한 양심을 가진 그리스도인 부모들이 어떻게 아이들에게 헤밍웨이나 포, 소로 같은 이들의 삶을 본받으라고 권할 수 있었을까? 개인의 세계관은, 전제적 관점을 표현할 때 언제나 그의 저작에 영향을 미친다.

**해석에 관한 기독교적 관점** 할 수 있다면 작가의 일대기를 읽어보고, 그 책에 관해 작가 자신이 직접 한 말을 들으려고 애써야 한다. 작가는 종종 자기의 편견을 들려주고 자신의 세계관을 설명해줄 것이다. 이같이 직접적이고 개인적인 이야기들을 통해 우리는 그 작품의 바탕에 깔린 사회 정치적 배경을 이해할 수 있다. 우리는 언제나 개인의 편견이 아니라 절대적인 하나님 말씀으로 그 책의 내용을 판단해야 한다.

## 사용(Using)인가, 수용(Receiving)인가?

그러나 기독교계에서도 이 문제에 관해 의견이 분분하다. 홈스쿨 가정에서 즐겨 읽는 아동 소설의 저자 C. S. 루이스는 문학 비평에 관해 다소 개방적 관점을 지녔다. 나는 기독교 신앙과 변증에 관한 그의 다양하고 훌륭한 생각들을 존경한다. 하지만 책에 접근하는 적절한 방법에 관한 그의 관점은 수긍하기 어렵다.

세상을 떠나기 전에 마지막으로 집필한 책 중 하나인 ≪오독≫(An Experiment In Criticism)에서, 루이스는 서로 다른 두 가지 독자 유형, 즉 문학적(Literary) 유형과 비문학적(Nonliterary) 유형을 논했다. 그는 책 또는 예술

작품에 접근하는 두 가지 방법을 제시하며, 비문학적 방법은 책을 사용하는 것이고 문학적 방법은 책을 수용하는 것이라고 했다.

> "텍스트를 '사용'하는 독자는 그것을 기존 가치를 강화하거나 익숙한 기존 사고와 행동방식에 그 가치를 밀어 넣기 위한 장치로 다룬다." 18)

책을 '수용'하는 사람들은 즐거움과 재미로 그렇게 한다. 그들은 초콜릿 아이스크림에 접근하는 것처럼 책에 접근한다. 아이스크림을 먹을 때 우리는 그 화학적 성분이나 녹는 온도, 지방 함유량을 생각하지 않는다. 그렇게 한다면 수용하는 것이 아니라 사용하는 것이다. 아이스크림은 하나님이 창조하신 세계의 일부로 즐기라고 있는 것이다.

케네스 A. 마이어스(Kenneth A. Myers)는 대중 문화를 다룬 자신의 책 ≪대중문화는 기독교의 적인가 동지인가?≫(All God's Children and Blue Suede Shoes)에서 루이스의 문학관을 논했다. '더 낫게 수용하기'(Better to Receive)라는 제목의 장(章)에서 그는 이렇게 말한다.

> "많은 그리스도인이 '좋은' 문학은 '정통' 문학이며, 읽을 가치가 있는 것은 기독교 세계관의 산물이어야 한다고 주장한다. 그런 사람은 '문학'보다 '읽기 자료'(Reading Material)에 관해 더 말하고 있는 것 같다. 이로 인해 우리는 그들이 문학 수용자라기보다 사용자라고 생각하게 된다." 19)

나는 이 저자들이 칼빈주의자들의 소위 '일반 은혜의 교리'(The Doctrine of Common Grace)를 그저 인식만 할 뿐이라고 생각한다. '하나님은 불신자에게도 좋은 선물을 주신다'라는 이 믿음 덕분에, 우리는 우리와 다른 세계관을 가진 사람들의 작품도 감상할 수 있을지 모른다. 그들의 작품에도 여전히 중요한 가치가 담겨 있을지 모르지만, 이런 관점은 두 가지 생각을 전제하는 것 같다.

첫 번째는 독자들이 받아들이지 말아야 할 것을 걸러낼 도덕적 판단력을 그들 내면에 갖고 있다는 것이다. C. S. 루이스는 '위대한 책'(Great Books) 목록을 만들어서 즐거운 독서 체험 자체에 푹 빠지는 것을 편하게 여길지 모른다. 하지만 나는 아직 세계관이 온전하게 형성되지 않은 열한 살짜리에게 그 목록을 주면 안 된다고 생각한다. 어른인 나도 그 책들을 모두 읽고 싶어 할지 확신이 서지 않는다! 모든 것이 허용되나 모든 것이 유익하지는 않다 고전 10:23.

두 번째 전제는 그 책들이 정말 (앞에서 비유로 들었던) '아이스크림'이라는 것이다. 사람들에게 읽히는 것에는 어느 정도 가치가 있다는 식이다.

"가볍게 읽거나 줄거리만 살펴봐도 충분한 책이 있는가 하면, 아주 드물게 잘 이해하며 소화 흡수해야 하는 책도 있다."

프랜시스 베이컨의 말대로, 세상에는 땔감으로 쓰거나 재활용하는데 딱 맞는 책들도 존재한다.

## 잠재적 위험

나이 든 C. S. 루이스가 젊은 시절 문학 작품들이 악에 관해 자신에게 미친 강력한 영향을 잊는다는 게 가능한가? 루이스의 책 ≪예기치 못한 기쁨≫(Surprised by Joy)에는 '내 정신세계가 넓어졌다'(I Broaden My Mind)라는 제목으로 자신의 성장기에 관해 쓴 장(章)이 있다. 여기에서 그는 신화와 판타지의 황홀경에 빠진 열세 살 소년이 어떻게 더욱 끔찍하게 변했는지 설명한다.

"그리고 내 안에서 무언가가 시작되었고, 그것은 그 뒤에도 내 안을 들락날락 하며 큰 고통을 주었다. 그것은 다름 아닌 사교에 관한 열정과도 같은, 초자연적 인 것을 향한 갈망이었다."

물론 원수의 영향 때문이었겠지만, 책을 읽는 동안 그에게는 기독교에 관한 불신이 자라났다.

"기독교 신앙을 버리고 싶은 마음이 무의식적으로 생겼다. 그러나 동시에 혹은 그 후에 의심에 대한 의식적 명분이 솟아올랐다. 하나는 고전 읽기에서 비롯되 었다."

나는 받아들이면 안 될 것을 수용하면 안 된다고, 그것을 철저히 거절 해야 한다고 말하고 싶다.

## 우리의 절대 기준 : 하나님 말씀

같은 덫에 빠지지 않도록 하기 위해, 나는 아이에게 책을 주기 전에 부모가 먼저 내용을 살펴보라고 권하고 싶다. 어려운 일이라는 걸 안다. 하지만 가치 있는 일이다. 문학이 신앙에 심오한 영향을 미치기 때문에, 우리는 하나님의 기준을 붙잡아야 한다 빌 4:8, 시 101:3.

피셔 에임스(Fisher Ames)가 미국 의회 첫 번째 회기에 메사추세츠 주 의원으로 재직하던 시기에 권리장전(Bill of Rights, 미국 시민의 기본 자유를 보장한 열 개의 미국 헌법 수정 조항- 역자 주)이 만들어지고 있었다. 1789년 9월 20일 〈팔라디엄〉(Palladium)지에 발표한 글에서, 그는 문학에 관해 이렇게 언급했다.

"교육 분야에서 위험한 일이 벌어지고 있다. 우리는 점점 더 많은 교과서를 학교에 넣어주고 있다…. 우리는 우화와 도덕적 교훈이 담긴 작은 책들을 뒤늦게 아이들의 손에 쥐여주는 것에 익숙해져 있다…. 우리는 교실에서 성경을 공부하는 데 시간을 적게 들이고 있다. 성경은 학교에서 가르쳐야 할 중요한 내용인데 말이다…. 성경은 인간이 만든 어떤 책보다도 위대한 도덕적 교훈을 말해준다." [20]

찰스 디킨스는 이 관점에 경의를 표하며 이렇게 말했다.

"신약성경은 지금까지 세상에 알려진 혹은 장차 알려질 책 중에서 가장 좋은

*책이다.* " 21)

그리스도인 홈스쿨러들이 고립주의를 가져오고 성경만을 유일한 텍스트로 삼는다고 비난하는 사람들이 있다. 성경이 토대인 것은 틀림없지만, 나는 그런 입장을 옹호하지 않는다(비록 더 안 좋은 문제들을 생각할 수 있지만 말이다!). 성경은 시, 우화, 역사적 서술 같이 기준을 정하는 탁월한 문학적 특성을 지니고 있을 뿐 아니라, 우리가 읽는 책의 철학을 판단하는 절대 도덕적 기초를 제공하기도 한다.

**교수법** 아이에게 독서의 열정을 불러일으키는 가장 좋은 방법이, 어릴 때부터 큰 소리로 책을 읽어주는 것이다. 그들의 호기심을 자극하고 상상력을 불러일으킬 이야기책을 찾아라.

내 경우에는, 책에 담긴 행동과 모험 덕분에 글 읽는 법을 배우고 싶다는 마음을 갖게 되었다. 파닉스 공부에 몰두하고 싶지 않았지만, 멋진 이야기를 즐기려면 파닉스 원칙을 배워야 한다는 것을 깨달았다. 고전적 접근법(Classical Approach)과 샬롯 메이슨식 접근법(Charlotte Mason Approach), 원리적 접근법(Principle Approach)을 포함하여 많은 학습법이 실생활을 다룬 책 읽는 법을 잘 알려준다. 문학을 기반으로 하는 학습은 단원 공부법 (Unit-Study Method)의 효과적인 한 부분이 되었다.

아이들 대부분이 교과서보다 '실생활을 다룬' 책을 선호할 것이다. 독자는 역사적 사건을 학문적으로 요약한 것보다 사람과 장소, 사건을 생생하게 묘사한 이야기와 내러티브를 자신의 현실에 훨씬 쉽게 적용할 것이다. 책 사는 비용 때문에 재정적으로 부담스러울 수 있겠지만, C. S. 루이스의 말대로 '책값 청구서는 가장 큰 사치품이 되어야 한다.'

자녀가 책을 빨리 읽는 독자라면, 지역 도서관에 있는 수많은 책을 활용할 수 있다. 물론 이 방법은 일주일에 책 한 권을 다 읽지 못하는 나 같은 독자에게는 맞지 않는다. 반나절에 200페이지를 읽는 내 여동생들이라면 또 모를까.

가능하다면 가족이 함께 책을 읽는 것도 좋다. 고전들은 원래 TV와 인터넷이 생기기 전에 가족들이 큰 소리로 함께 읽으며 오락거리 삼던 책들이다. 가족이 함께 큰 소리로 책을 읽고 나서, 줄거리와 등장인물이 직면할지 모르는 도덕적 문제를 토론할 수도 있다.

또한 이 활동은 우리가 서로에게 새로운 어휘를 설명할 기회를 재공해준다. 우리 가족은 고전을 읽을 때 종종 사전을 옆에 두고 익숙하지 않은 단어의 뜻을 찾아보곤 한다. 그렇게 하면 그 말을 머릿속에 빨리 새기거나 문맥을 통해 낯선 단어의 의미를 이해할 수도 있다. 대부분의 경우, 어린이들은 낯선 단어가 나오면 그냥 건너뛴다. 단어 뜻을 찾는데 시간을 들이고 싶지 않기 때문이다. 하지만 가족이 함께 책을 읽으면, 아이들도 자연스럽게 새로운 단어를 익히고 기억하게 된다.

독자의 다양한 수준에 맞게 어떤 책을 어떻게 읽어야 할지, 기독교적 관점으로 어떻게 책을 읽을 수 있는지 도와주는 가이드북을 참고하는 것도 좋다. 이런 책들은 독자가 특정 도서를 읽고 그 내용을 비판적으로 '씹어먹을 수 있는' 원칙과 방향을 제시한다. 그 이야기 속 개념과 사상, 세계관에 관한 다양한 질문에 답하면서, 학생들은 자신이 읽는 것에 관해 사고하는 법을 배운다. 모티머 애들러(Mortimer J. Adler)의 ≪독서의 기술≫(How to Read a Book)이나 제임스 사이어(James W. Sire)의 ≪어떻게 천천히 읽을 것인가≫(How to Read Slowly) 같은 책이 대표적이다.

**목적** 글쓰기에서 가장 중요한 목적은 생각을 주고받는, 즉 소통하는 것이다. 논픽션 저자는 사실적이고 정확하게 생각과 사상을 제시하려고 노력한다. 픽션 저자도 - 논픽션보다 복잡하고 미묘하게 이야기를 전개하지만 - 독자에게 메시지를 전달하기 원한다. 그리스도인 작가들은 - 독자에게 즐거움을 주는 것도 중요하지만 - 성경적 가치관에 부합하는 글을 써야 한다. 가능하다면 정통 기독교 관점과 교리를 붙잡아야 한다.

하나님은 우리에게 다양성의 여지를 풍성하게 허락하셨지만, 그것들은 언제나 그분의 절대적인 법 아래 있다. 성경은 다양성 속에 통일성을 갖춘 가장 위대한 예다. 예를 들어, 시편은 계시록과 전적으로 다르다. 아가서와 예레미야애가는 문체와 기법이 상당히 다르지만, 그런데도 하나님의 속성과 본질을 드러낸다.

그러므로 현대 기독교 문학에도 이런 모습이 있어야 한다. 늘 새로운 문학적 기법을 추구해야 하지만, 하나님 말씀의 진리가 늘 우리의 메시지와 방법을 떠받치는 척추가 되어야 한다.

## 에듀테인먼트(Edutainment
## : '공부는 무조건 재미있어야 한다'라는 이들을 위한 한 마디

많은 홈스쿨러 사이에서 '학습은 재미있게 해야 한다'라는 생각이 빠르게 퍼지고 있다. 믿어지지 않는다면, 이런저런 매체에 등장하는 교육 관련 광고 몇 개만 살펴보라. 분명 공부와 학습 관련 내용인데도 아이가 재미있어하고 좋아할 거라는 메시지 일색이다(물론 이것이 올바른 경향인지에 관해서는 따로 고민해볼 필요가 있다).

나는 한 컴퓨터 프로그래머와 이런 이야기를 나누다가 이 문제에 관해 진지하게 고민해보라는 도전을 받았다. 그 프로그래머는 아이들에게 읽는 법을 가르쳐주는 어린이용 소프트웨어를 제작해서 몇몇 홈스쿨 출판사에 검토를 요청했다. 출판사에서는 이런저런 피드백을 통해 '어린이를 대상으로 판매하면 좋겠다'라는 긍정적 결론을 내렸다. 하지만 실제로 출시된 제품에 관한 소비자 반응은 냉랭했다. 아이들은 60달러짜리 읽고 쓰기 교육용 프로그램을 좋아하지 않았다. 이유는 '지루해서'였다.

"도대체 뭐가 문제인 걸까요?"

내가 물었다.

"어쩌면 프로그램을 더 멋지게 만들어서 어린이들에게 더 호감을 줘야 할 것 같아요."

"아마도요."

그가 대답했다.

"하지만 내가 정말로 염려하는 건, 지역 백화점에서 정말 재미있는 읽기 프로그램을 달랑 19.95달러에 살 수 있다는 점입니다. 아이들은 틀림없이 그걸 좋아할 거고 부모에게 갖고 '놀게' 해달라고 조르겠지요. 그런데 더 큰 문제는 여섯 단계로 되어 있는 그 프로그램을 다 끝내도 아이들이 여전히 읽지 못한다는 겁니다. 하지만 부모는 모든 단계를 구입하느라 120달러를 쓰게 되겠지요. 읽고 쓰기를 그저 '즐기면서' 말이지요."

"저는 차라리 아이에게 한두 달 반짝 '재미'를 느낄 읽기 도구 대신에 오래도록 훌륭한 문학작품을 읽게 하는 게 더 낫다고 생각해요. 제 최종 목표는 아이가 읽을 수 있게 도와주는 것이지, 그들에게 컴퓨터 게임을 가르쳐주는 것이 아닙니다."

'이것 아니면 저것'이라는 이분법적 태도를 취할 필요는 없지만, 부모가 언제 다음과 같이 강하게 말해야 할지 의아해할 것 같다.

"이 책이 재미없다는 건 알아. 하지만 이 책은 네게 아주 좋은 거야."

그 프로그래머는 이렇게 설명했다.

"커리큘럼을 고르는 것과 같은 방식으로 먹을 것을 선택하라고 하면, 아이들은 십중팔구 영양실조에 걸릴 겁니다. 아이들이 브로콜리와 초콜릿 케이크 중에서 어느 쪽을 선택하겠습니까?"

"이렇게 질문해 보죠. 부모와 아이 중 누가 더 잘 알까요? 아이의 최고 흥밋거리를 누가 찾아낼까요? 물론, 케이크 쪽이 훨씬 좋지요. 하지만 그건 아이의 장기적 필요를 채워주지 못할 겁니다."

교육도 재미있을 수 있다. 그러나 삶은 즐거움으로만 채워져 있지 않다. 어떤 것은 피와 땀과 눈물을 통해서만 얻을 수 있다는 것도 기억해야 한다. 부모는 각각의 아이를 위해 올바른 균형을 맞춰야 한다.

우주에 중립 지대는 없다.
1인치의 땅, 1초의 시간도 하나님 것으로 주장되거나
반대로 사탄 것이라고 주장된다.

C. S. 루이스

# 반문화?
# Counter-Culture

## 사회(Social Stidies)

### 문화란 무엇인가?

*"문화는 단지 종교를 외면화하고 명료화한 것이다."*

*- 헨리 반 틸(Henry Van Til)* 1)

문화는 기독교 사전 전집(Complete Christian Dictionary)에 이렇게 정의되어 있다.

*"특정 시대에 사람들 또는 집단이 창조한 신념, 관습, 제도, 예술, 그리고 인간 의 다른 모든 산물과 사상."*

미국 사회는 세 가지의 중요한 문화 형태를 담고 있는데, 각각은 독특하게 미국인들의 삶의 이상에 영향을 미친다. 중요한 것은 아이들이 각 문화 형태 가운데 구현된 세속적 욕망을 추려내고, 하나님의 품위 있는 객관적 기준을 고수하는 것이다. 이 범주들은 사회학자들과 문화 비평가들이 - 우리가 문화적 표현과 세계관의 차이를 이해할 수 있게 - 명명한 일반 가이드라인임을 이야기함으로써 서두에 설명하려고 한다. 그것들은 전적으로 권위적이거나 절대적일 수 없다. 켄 마이어즈가 말한 대로, 재즈 음악은 고급문화와 민속 문화, 대중문화의 영향을 합친 것이므로 특정 문화의 표현이라고 배타적으로 분류할 수 없다.

### 고급문화(High Culture)

르네상스 시대에 발흥하고 빅토리아 시대를 거치면서 귀족들은 다양한 형태의 재미있는 사교 생활을 발전시켰다. 그들은 이것을 수용할만하고 가치 있는 것으로 여겼다. 부자들만 엘리트가 될 수 있고, 그들은 왕실 사회와 연결된 '특정 지식인 티를 내며 거만하게' 행동했다.

고급문화는 다른 두 문화 형태와 확연히 구별되고, 그보다 나은 우월한 문화 형태라는 전제를 깔고 있다. 그것은 절대적인 삶의 양식이다. 이 모든 절대적인 것들은 성경적이지도 않고 건전하지도 않다. 그런데도 그것들은 최고의 문화로 여겨진다.

오늘날 고급 사회는 과거의 유물로 존재한다. 포스트모더니즘 시대 이전에는 고급문화가 '하위'(Lower) 문화 형태에 정책을 하달하곤 했다. 그것은 탁월함의 기준이었고 보통 사람들은 그 우월함을 모방하려고 애썼다. 그러나 이제 흐름이 변했다. 고급문화는 더 이상 중간 계층 사회에 심각한 영향을 미치지 않는다. 설령 그런다고 해도 대중문화의 신념이나 가치에 주는 영향은 미미하다.

사실 오늘날의 고급문화는 제자리로 돌아와 대중 문화를 지켜보며, 작금의 유행이나 양식에서 단서를 취한다.

시, 고전 문학, 미술, 연극, 그리고 고전 음악은 모두 고급문화의 외적 표현이다. 고전적 재미는 그 이상의 전통적인 것에 기초해서 일정한 규범적 기준을 유지하는 데 이용되곤 했다. 그 기준은 이들 표현의 형태가 적절하고 옳으며, 권위적이라고 주장했다.

### 민속문화(Folk Culture)

민속문화는 한 세대의 가치를 다음 세대에 전달하는 데 가장 크게 도움되는 수단이다. 다른 두 문화 범주는 민속문화에서 나온 것이다. 현대 민속 문화는 20세기 후반 이전에 가장 위대하게 표현되었다. 1929년의 대공황 이후, 미국에는 가족이라는 울타리 안에서 함께 쉬고 재충전할 수 있는 형태를 찾았던 하위 중산층 가정이 주로 살고 있었다. 세계대전은 참혹했고, 많은 사람이 죽었으며, 수입은 궁색했다. 그래서 가족의 연합이 가장 중요했다. 가족 소풍, 야구 놀이, 기타 치며 노래 부르기, 애플파이, 그리고 레모네이드가 문화적 메뉴였다.

사람들이 기술과 비싼 여행에 난색을 표했을 때, 오랫동안 이어져온 전통은 귀하게 여김 받았다. 너무 소박해서 고급문화를 누릴 수 없었던 이들 가족들은 오락 활동을 발전시키는 데 창의성을 발휘했다.

20세기 초반, 시골에서는 부모들이 아이들과 여가 시간을 보내는 것이 흔했다. 이야기는 어느 시대를 막론하고 도덕적 중요성을 전달하는 강력한 수단이 되어왔다. 수년 전 가족들은 함께 책을 읽을 가능성이 훨씬 컸고, 직접 오락거리를 만들었기 때문에 아이들은 자신이 가장 좋아하는 이야기꾼인 부모들로부터 가치를 폭넓게 모았다. 민속문화가 대중문화에 자리를 내주었지만, 이야기는 여전히 남아 있다. 하지만 가치는 달라졌다. 영웅과 악당이 종종 구별할 수 없게 되었고, '영화'가 부모를 대신하여 '위대한 교사'가 되었다.

고급문화처럼 미국의 민속문화에는 절대적인 것에 관한 확고한 신념이 들어 있었다. 그것은 성경의 원칙과 종교적 관습에 의해 강하게 영향받았다. 하나님과 국가, 가족은 20세기 초반의 중요한 가치였다.

### 대중문화(Popular Culture)

대중문화는 언제나 존재했지만, 1950년대 이후 새로운 안정기에 접어든 것 같다. 엘비스 프레슬리(Elvis Presley), 푸들 스커트(Poodle Skirt, 1950년대 후반 미국의 젊은 여성과 소녀들을 열광시킨 의상으로, 당시 미국을 대표하던 패션 - 역자 주), TV, 그리고 튜닝한 자동차(Hot-Rod Car, 오래된 미국 차에 커다란 엔진을 얹어 직선 주행 성능을 끌어올리는 미국의 대표적 튜닝문화 중 하나 - 역자 주)가 문화적 양심의 전면에 물질주의와 유행을 가져왔다.

민속문화의 끈끈한 가족 친화적 가치는 헐리우드와 매디슨 가(Madison Avenue, 미국 뉴욕시의 거리, '광고의 거리'로 유명함 - 역자 주)에서 확립된 새로운 기준 속으로 붕괴되기 시작했다.

조시 맥도웰은 ≪Right From Wrong≫(옳고 그름 분별하기)이라는 탁월한 책에서 민속문화를 세속적이고 상대주의적인 대중문화로 대체한, 2차 세계대전 이후의 네 가지 영향을 언급했는데, 그는 이 변화를 '대전환'(Seismic Shift)으로 지칭했다.

**1. 미디어의 출현**  미디어 게이트키퍼(Media Gatekeeper, 사건이나 정보를 대중에게 전달하기 전에 미디어 기업 내부에서 취사선택하고 검열하는 사람 - 역자 주)에게서 나온 정보에 즉각 접근하게 됨으로써 우리의 가치는 보다 지방화한, 지역적인 일련의 유행과 사상에서 사회에서 밀려난, 미리 만들어 놓은 미디어 '샌드위치'로 바뀌어 - 종교나 인종에 상관없이 - 전체 문화에 의해 소비된다.

TV, 컴퓨터 게임, 인터넷, 그리고 통신은 가치의 원천인 부모와 가정의 위치를 바꿨을 뿐 아니라, 민속문화의 오락 형태를 보다 국제적인 네트워크로 변화시켰다. 아이들이 결코 집을 떠나지 않아도 - 적어도 이념적으로나 사회적으로 - 수천 마일이나 멀리 떨어지게 하면서 말이다.

**2. 사회의 도시화(대량 수송)**  점점 많은 가정이 농촌의 농장에서 도시로

옮겨감에 따라, 새로운 활동과 분야들로 가득 찬 새로운 생활 방식이 전통의 자리를 대신하기 시작했다. 가족들은 동물을 기르거나 울타리를 치면서 더는 함께 일하지 않았다. 그리고 지금은 기술적으로 진보된 사회에서 현대의 편리함에 젖어 있다.

그것은 아이들에게서 도제살이(Apprenticeship)에 대한 선택의 여지를 제거하고 그들을 확대 가족에서 분리시켰다. 도시 아이들은 농촌 아이들이 맡던 동일한 책임을 나눠갖지 않는다. 가족을 한데 묶어주고 성품을 드러내는 허드렛일과 힘든 일은 균등한 도시 생활에서 자주 사라지고 있다.

**3. 물질주의의 급부상** '베이비붐' 세대는 부모들보다 소득이 월등하게 높아졌다. 전후 부모들은 어렸을 때 누리지 못했던 모든 물질적 여유를 자녀에게 주고 싶어 했다. 대공황 시기에 자란 당신은 최신 유행 신발은 커녕 신발 하나 갖는 것만으로도 감지덕지했을 것이다.

단순성과 창의성에서 사치와 화려함으로 가치가 바뀌었다. 이런 경향은 그 후에도 계속되었다. 대부분의 다른 나라들과 비교해 볼 때, 미국은 부유한 나라다. 낭비와 천박한 소비는 포스모더니즘 문화의 전형이다 딤후 3:2.

**4. 공립학교의 폭넓은 영향** 조시 맥도웰은 미국 학교의 변화를 다음과 같이 묘사한다

- 이웃 학교에서 '교육 공장'(Educational Factories)으로의 변화

- 공립학교에 대한 연방 정부의 영향력 강화
- 자신의 책임에서 '전문가들'의 책임으로 부모의 마음가짐이 변화됨 2)

이 모든 요소들은 미국의 지배적 표현 형태인 대중문화의 기세를 강화하고 구현했다.

## 절망의 문화(Culture of Despair)

프랜시스 쉐퍼는 ≪거기 계시는 하나님≫에서 현대 문화에 나타난 절망의 진행과정을 탁월하게, 그리고 예언자처럼 상세하게 다뤘다. 그는 인간이 어떻게 희망과 초월적 의미를 버렸는지부터 밝힌다. 절망은 먼저는 철학에서, 그 다음에는 예술과 음악에서, 마지막으로는 일반 문화와 신학에서 드러난다. 그는 이렇게 책의 서두를 시작했다.

*"현재 나타난 세대 간 균열은 전적으로 진리에 관한 개념 변화에서 비롯되었다."* 3)

성경적 토대의 필요를 언급하면서 쉐퍼 박사는 이렇게 말한다.

*"이들의 전제는 무엇인가? 기본 전제는 절대적인 것이 정말로 존재한다는 것이었다."* 4)

쉐퍼 박사는 성경에 계시된 하나님의 거룩한 속성에 기초한 절대 도덕의 상실이 먼저 고급문화에 뿌리내렸으며, 이후 대중문화의 치명적 감염에 문을 열어주었다고 말한다. 한때 상대성과 절망이라는 꺼진 모래층에 서 있던 고급문화는, 마침내 그 힘에 굴복하고 모든 하위문화 형태로 소멸되었다.

'비모순의 법칙'(Law of Noncontradiction), 즉 어떤 것들은 객관적으로 옳고 참되며, 다른 것들은 부인할 수 없이 거짓되거나 도덕적으로 잘못되었다는 신념으로 돌아갈 때만 현대 문화가 전적 파멸과 황폐에서 살아날 수 있다.

## 기술과 교육

21세기는 인류 역사상 가장 폭발적인 기술의 시대이다. 우리는 과학, 여행, 의학, 유전공학, 상업, 그리고 통신 영역의 급격한 발전에 직면하고 있다. 부모들은 H. G. 웰스(Herbert George Wells, ≪타임머신≫이나 ≪투명인간≫ 같은 SF 소설로 유명한 19세기 영국의 소설가이자 문명 비평가 - 역자 주)의 소설이 현실이 되는 사회에서 살도록 아이들을 어떻게 준비시켜야 할지 매일 고민하고 있다.

강조해서 말할 수 있는 한 가지는, 기술은 학습을 강화하는 훌륭한 도구가 될 수 있지만 도덕적 가르침을 주기에는 역부족이라는 것이다. 컴퓨터를 통해 어떤 사람은 실제 세계에서 일어날 거라고 상상조차 할 수 없는 것들을 가상 세계에서 창조할 수 있다. 우리는 이런 질문을 해볼 수 있다.

"우리는 기술의 신을 섬기며 전능하신 만물의 창조주를 무시하고 있지 않은가?"

인터넷은 교육과 정보 접근법을 포함한, 삶의 모든 것에 혁명적 변화를 가져왔다. 그것은 선한 일을 위해 쓰일 수 있는 무한한 잠재성을 갖고 있다. 그러나 인간의 마음이 악하기 때문에 우상시 되고 악한 일에 사용될 잠재성 역시 무한하다. 그것은 인간을 하나의 언어와 상업으로 묶어두려 한다. 우리 세계가 자기만의 '바벨탑'을 세우고 있을 때, 부모들은 아이들에게 역사와 그 같은 인본주의적 노력에 대한 하나님의 관점을 일깨워줄 준비를 해야 한다 창 11:4-9.

종종 기술의 내용이 하나님을 반대할 뿐 아니라, 인간의 과학적 진보 상당 부분의 이면에 있는 방법과 동기는 하나님과 같아지려는 것이다.

나는 'X세대'(Generation X, 1965년에서 1976년 사이에 태어난 세대로 '무관심·무정형·기존 질서 부정' 같은 경향을 특징으로 함 - 역자 주)로 자랐고, 기술과 함께 살며 그것을 이용하고 있다. 나는 기술을 사업에 이용한다. 그것은 내 삶의 일부다. 그런데도 그것이 사람을 유혹하고 꾀어내고 부추기는 영향력을 갖고 있어서, 우리 아이들로부터 떼어 놓고 싶은 마음이 간절하다. 나는 진보의 유익을 이용하지만, 그것이 나를 파멸시키는 것은 원치 않는다.

21세기에 부모들이 직면하게 될 가장 큰 갈등은, 세상의 것을 이용하는 것과 하나님을 향해 구별되는 것 사이에 균형을 맞추는 일일 것이다. 오직 두 나라와 두 주인이 있다. 우리 아이들은 둘 중 어느 하나를 섬기게 될 것이다. 사탄은 대부분의 미디어를 통제하고 있다. 그는 대부분의 인터넷을 운영한다.

부모로서 당신은 아이들을 위해 기도의 무릎을 꿇어야 한다. 그들은 불에 타지 않고 얼마나 가까이 불에 접근할 수 있을까? 당신은 그들이 '얼마나 가까이 가기' 원하는가?

### 이 세상에서…?

이 모든 것이 어떻게 매일의 일상생활에 맞아떨어질까? 미디어와 문화는 어린이와 십 대들에게 강한 영향을 주기 위해 고안된 것임을 이해해야 한다. 어떤 부모들은 아이들을 모든 오락물과 미디어로부터 보호하여 세속주의의 악에서 건져내는 것이 가장 좋은 방법이라고 결정한다. 우리 눈에서 무가치한 것들을 떼어내는 것도 중요하지만, 단지 영향에서 벗어나는 것만이 젊은이들을 악에서 보호하는 것은 아니다. 당신은 뿌리(아이의 마음)까지 내려간 다음, 그 토양(아이가 받은 영향)을 다뤄야 한다.

성경은 세상적인 것을 아주 강하게 반대하기 때문에, "세상적인 것이 도대체 무엇인가?"라고 물어보는 것이 중요하다. 성경은 이렇게 말한다.

이 세상이나 그 안에 있는 어떤 것에도 마음을 빼앗기지 마십시오. 사람은 성부와 세상을 동시에 사랑할 수 없습니다. 세상 시스템은 전부 사람의 욕심과 지나친 야심, 멋지게 보이는 온갖 아름다움에 토대를 둔 것으로, 성부가 만드신 것이 아니라 세상 자체가 만든 것입니다 요일 2:15-16.

질문은 이것이다. '세상을 사랑하지 말라'라는 것은 무슨 의미인가? 이 구절에는 두 가지 요소가 내포되어 있다. 그러나 그것들은 확연히 다른 것임에 틀림없다. '세상적인 것'의 첫 번째 정의는 '정욕적이고 죄악되거나 반 그리스도적인' 것이다. 두 번째 정의는 '이 세상의' 것 혹은 '일시적인' 것이다. '세상'이라는 용어는 전적으로 다른 이 두 개념이 사용된다. 둘 중 어느 것도 사랑하면 안 된다. 그러나 육욕은 본질상 악하고 죄악된 것이지만, 이 세상의 것은 그렇지 않다.

### "죄와 정욕을 사랑하지 말라."

여러분을 둘러싸고 있는 세상의 틀에 억지로 맞추지 말고 하나님이 새로 만드시는 사람이 되어 마음의 태도를 전부 바꾸십시오. 그러면 하나님이 인정하는 선하고 완전한 뜻을 여러분은 실제로 입증할 것입니다 롬 12:2.

### "이 세상의 것을 사랑하지 말라."

우리의 미래가 매우 앞당겨졌으므로 부인이 있는 남편들은 마치 부인이 없는 듯이 살아야 합니다! 슬퍼할 시간도 없고 기뻐할 시간도 없습니다. 물건을 사서 즐길 시간이 없습니다. 세상사는 덧없기 때문에 세상에서 하는 일은 되도록 전부 가볍게 하십시오 고전 7:29-31.

차이가 보이는가? 정욕적이고 악한 것에 관해 우리는 어떻게 반응해야 할까?

우리는 문화의 부정하고 왜곡된 양상에서 완전히 물러나라는 명령을 분명히 받았다 고후 6:17. 어떤 그리스도인들은 이 세상에 있는 모든 것에 이런 태도를 취하려고 한다. 우리는 이 세상에 있는 모든 것을 사용하지 말라는 명령을 받은 적이 없다. 성경은 그것들을 사랑하거나 몹시 탐내서는 안 된다고 명령한다 약 3:16.

그리스도인으로서 우리는 대중문화의 일시적인 영 속으로 빨려 들어가는 것을 피해야 한다. 우리는 이 땅에 그렇게 오래 있지 않을 것이며, 일에서 금방 손 뗄 수 없다. 그러나 영원토록 이 세상의 수단들을 사용할 수 없다는 뜻은 아니다. 삶에 필요한 고유한 많은 물건은 좋고 건전하며, 우리는 그 디자인 이면에 있는 지혜에 감사해야 한다. 창조적 발명은 우리의 창조주를 드러낼 수 있다. 그러나 그것을 사랑하거나 그 안에 몰입해서는 안 된다.

"난 아이들이 리복 테니스화 신는 것을 원하지 않아. 세상적인 것이기 때문이야"라고 말하기 전에, 부모들은 먼저 그 상품이 악하고 반 그리스도적인지, 혹은 단순히 이 세상의 것일 뿐인지 생각해 봐야 한다. 단순히 이 세상의 것이라면, 고유한 것이므로 악한 것이 아니다. 진짜 던져야 할 질문은 이것이다.

"그것이 아이들에게 우상으로 작용하는가?"

"그것은 아이들을 탐내게 만드는가?"

"그것은 아이들이 그리스도를 섬기게 하는가, 그분으로부터 떠나게 하는가?"

## 대중문화의 목적

대중문화의 중요한 목표는 재미를 주는 것이다. 하지만 이것을 생각한다면, 오락을 만들어내는 사람들은 세상에서 가장 불행한 사람들이다. 그들 대부분 이혼하고 몇 번씩 재혼한다. 수백 명의 유명 연예인과 예술가가 비극적인 죽음으로 인생의 절망을 드러냈다. 그들은 거대한 고통, 죄의식, 우울, 두려움 가운데 살았다. 외로움과 진정한 사랑을 향한 갈망이 끊임없이 그들 곁에 있었다.

나는 그들이 제작한 '예술'이 라비 재커라이어스가 말한 '마음의 외침' 또는 '영혼의 고통'을 감추려는 시도였다고 생각한다. 그들로 인해 수많은 팬이 현실에서 벗어나 정신없는 오락에 잠기고 말았다. 수동성과 자기 탐닉이 우리 세대를 규정지었다.

대중문화는 삶을 직접 대면하는 것을 피하고 싶은 사람들의 욕구를 만족시켜서 그들을 완벽하게 망치는 역할을 한다. 그것은 우리를 바쁘게 한다. 우리는 일에 푹 빠지고, 도로를 바삐 달리고, 텔레비전을 보면서 쉴 수 있다. 어떤 사람들은 마약으로 현실로부터 도피하고, 어떤 사람들 - 슬프게도 그리스도인들마저 - 은 마약 역할을 해줄 오락거리를 찾는다.

나는 심지어 개인적인 고통을 피하려고 교회 활동이나 기독교 사역에 참여하는 사람들도 여러 번 보았다. 내가 십 대였을 때, 우리 중고등부는 '기독교적 마약' 역할을 했다. 몇 시간 동안, 우리는 다른 십 대들과 신나게 놀면서 현실 문제를 잊을 수 있었다. 하지만 우리는 결코 현실적이 될 수 없었다. 이것은 여전히 오늘날의 많은 십 대에게도 마찬가지다.

많은 사람이 혼자 있지 않으려고 무엇이든 한다. 침묵은 고심하며 분투하는 수많은 개인에게 죽음보다 나쁜 운명이다.

너희는 잠깐 손을 멈추고, 내가 하나님인 줄 알아라 시 46:10 중에서.

이 말씀은 도대체 무슨 뜻인가? 나는 이제야 인간의 최고 소명이 하나님을 섬기거나 사역에 참여하는 것이 아니라 그분을 아는 것임을 깨닫고 있다 요 17:3.

하나님은 함께있고 교제하기 위해 우리를 창조하셨다. 그분은 서늘한 날에 우리와 함께 걷고 싶어하신다. 예수님은 종종 혼자 있고, 기도하고, 깊이 생각하고, 내면을 살피고, 하나님 아버지와 교제를 나누기 위해 무리를 떠나셨다. 그런데 우리가 어떻게 그런 시간을 덜 가질 수 있겠는가?

많은 대중문화는 하나님과의 교제로 이끌지 않는다는 것을 알아야 한다. 그리고 사실 그것은 우리가 홀로 있으면서 하나님과 의미 있는 시간을 갖지 못하게 막는다.

# 미술과 음악

"음악 훈련은 무엇보다 강력한 악기다. 리듬과 하모니가 영혼 속으로 가는 길을 찾기 때문이다." - 플라톤, ≪국가≫(The Republic)


"최고로 예술적인 어떤 것도 단순한 예술에서 나온 적이 없고, 근본적으로 이성적인 어떤 것도 순전한 이성에서 나온 적이 없다. 위대한 예술적 성장을 위해서는 언제나 풍성한 도덕적 토양이 있어야 한다."
- G. K. 체스터튼, ≪A Defense of Nonsense≫


"문화는 한 사회의 예술 그 이상이다. 그러나 그 사회의 예술은 어쩌면 그 사회 세계관의 최고 지표일지 모른다." - 스캇 암스트롱(Scott Armstrong) 5)


**논쟁** 중립성의 신화는 미술과 음악 각각의 비평가들이 생생하게 표현했다. 미는 전적으로 보는 사람의 눈에 있으며, 예술적 표현을 판단하는 개괄적 기준은 없다는 신념이 일반적이다. 정말로 진보주의적인 일부 예술가들은 비도덕적 내용이 있을 가능성이 없다고 주장한 반면, 거의 모든 포스트모더니스트들은 형식이 전적으로 가치 중립적이라고 주장했다. 그들은 일반적 의미에서의 미술이 도덕적으로 잘못될 수 없으며 기술적으로도 잘못될 수 없다고 말한다.

간단히 말하자면, 색칠하기를 배울 때 아이들은 고전 미술의 기본 출발점을 경험한다. 그들이 처음으로 배우는 것은, 선 안에 머무는 것이다. 왜 그럴까? 미술에 적용되는 객관적이고 기술적인 기준이 있기 때문이다. 선 밖으로 칠한다면, 기술적으로 틀린 것이다.

포스트모더니스트들은 아이들이 원한다면 종이에 아무렇게나 그릴 수 있어야 한다고 말할 것이다. 왜냐하면, 당신에게 미술인 것이 그들에게는 미술이 아닐 수 있기 때문이다. 그들에겐 자기 개성을 마음껏 표현할 자유가 있어야 한다. 이러한 급진적 생각은 '경계 안의 자유' 혹은 '통일성 안의 다양성'이라는 하나님의 계획을 거부하는 것이다.

그들은 다른 것에 비해 더 높거나 낮은 예술 형태는 없다고 주장한다. 다른 것에 비해 질적으로 우수하거나 떨어지는 음악 스타일도 없다. 모든 것이 주관적 기준으로 매겨진다. 절대적인 것은 없고 선호만 있을 뿐이다.

**교수법** 예술은 하나님에게 영광 돌리는 방편이라는 것을 알고, 아이들에게 그 목적을 위해 은사를 사용하도록 가르쳐야 한다 골 3:17.

솔직히 말하자면, 우리 가족은 전혀 예술적 성향을 갖고 있지 않다. 그러나 우리는 언제나 다양하고 풍성한 문화 체험을 할 수 있었고, 덕분에 심오한 예술 감상을 발전시키는 데 도움을 받았다.

우리 중 어떤 사람이 예술적 방법으로 생각을 표현하려고 마음먹었을 때, 그런 예술 감상은 언제나 크게 유익했다. 분명히 하나님이 저마다에게 주신 자연적 재능이 있다. 그러나 이 재능을 키우도록 사람들을 도우려면, 적극적 예술 형태가 그들 주변에 있어야 한다.

음악가이자 예배 사역자인 패트릭 카바노프(Patrick Kavanaugh)는 이렇게 말했다.

"하나님이 주신 음악적 재능과 흥미를 아이가 온전히 발달시키기 전에, 누군가 먼저 적절한 환경을 만들어 그 재능을 키울 수 있게 해야 한다. 음악을 향한 사랑을 감수성 강한 어린 마음에 전해줄 사람이 있어야 한다. 새롭게 발견된 재능을 키워주고, 지루하고 힘든 연습 시간을 곁에서 함께 지켜주고, 중요한 연주 기회를 제공해주기 위해 시간을 내고 관심을 쏟아야 한다." 6)

연습은 중요하다. 그러나 그것을 견딜 수 있기 위해서는 사랑이 중요한 동기가 되어야 한다. 창조하고자 하는 마음과 열망을 잃어버리면, 아이들은 진정한 음악가나 미술가가 아닌 로봇이 될 것이다. 예술을 통해 하나님에게 올리는 경배는 언제나 그분을 향한 사랑과 감사의 마음에서 우러나와야 한다.

### 목적

"내 하나님을 생각할 때, 내 마음은 속에서 기쁨으로 춤추고, 그런 다음에 내 음악도 역시 춤춰야 한다." - 프란츠 요제프 하이든(Franz Joseph Hayden) 7)

**미술과 음악이 존재하는 몇 가지 목적** 첫 번째는 하나님을 찬양하고 경배하는 것이다. 이것이 예술이 존재하는 가장 중요한 이유다. 모든 창조는 하나님의 영광을 선포한다 계 4:11.

두 번째는 인간 사고에 도전하는 것이다. 예술은 언제나 사람들이 실재와 삶을 보는 방식에 영향을 미쳐 왔다. 현대 오락 때문에 고전 예술의 자리가 크게 바뀌었지만, 사상의 예술적 표현은 언제나 다른 사람의 생각과 묵상을 자극한다 골 3:16.

세 번째는 즐기는 것이다. 아름다움과 탁월함 즐기는 것을 두려워하거나 부끄러워해서는 안 된다 빌 4:8.

그리스도인인 우리에게는 성취할 수 있는 가장 높은 수준의 예술을 만들어내야 할 의무가 있다. 우리 목표는 인간적 성취가 아니라 하나님과 그분 나라의 주권을 온 세상에 드러내는 것이어야 한다 골 3:16-17. 믿는 자들의 손에서 질 낮은 예술작품들이 나오는 것을 보면서, 사람들이 우리의 창조주에 관해 무슨 생각을 하겠는가?

## 예술 평가하기

아직 남아 있는 질문이 있다.

"예술 형태의 내용뿐 아니라 그 수법까지 평가해 줄 일반적이고 절대적인 기준이 있는가?"

나는 형식이 중요하다는 것을 확신한다. 우리는 내용에만 기초한 문화적 표현을 판단할 수 없다. 그러나 비평의 몇 가지 기준을 사용해야 한다.

쉐퍼 박사는 ≪예술과 성경≫(Art and the Bible)에서 몇 가지 솔직한 조언을 해준다. 1번부터 4번까지는 쉐퍼 박사가 제시한 내용이고, 나머지 적용과 비평은 내 의견이다.


1. **기술적 탁월성(Technical Excellence)** 그리스도인으로서 우리는 어떤 사람이 재능을 가지고 있고, 기술적으로 그 일을 능숙하게 해낼 때 그것을 인정해 주는 것을 두려워하지 말아야 한다. 신학에서 이것은 하나님이 의로운 자나 불의한 자에게 똑같이 비를 내리신다는 말씀에 나오는 '일반 은총'의 개념이다 마 5:45.

하나님은 그분의 자비로 믿는 자에게나 안 믿는 자에게나 은사와 재능을 주기로 선택하신다. 어느 이교도가 재능 있는 미술가나 음악가라고 인정하는 것은, 그 예술가의 재능을 경배하는 것이 아니라 하나님에게 영광 돌리는 것이다. 그러나 우리는 이교도 예술가의 삶의 방식이나 세계관을 수긍한다는 인상을 주어서는 안 된다.


2. **타당성(Validity)** 예술가가 자신의 세계관에 일치하는 예술 작품을 만들고 있는가? 아니면 단지 예술 시장에 팔릴 상품을 만들고 있는가? 위선은 기독교 영역과 세속적 영역 어디에나 존재한다. 우리는 예술가들이 만

들어 낸 작품을 이해하기 위해 그들의 세계관과 삶의 방식을 조금이라고 알고 있어야 한다.

3. **내용(Content)** 이 영역은 그리스도인들에게 가장 쉽다. 어떤 내용이 성경에 명백히 반하는 것이라면, 그것은 용납될 수 없다. 신성모독, 천박함, 난잡한 성행위, 술 취함, 하나님과 그분의 권위에 대한 반항, 폭력 등은 분명 하나님의 본성과 성품에 반하는 것들이다.

쉐퍼 박사는 호감을 주는 꾸러미로 내용이 제시될 때 가장 위험할 수 있다고 지적하는데, 나도 진심으로 동의한다. 예를 들어, 난도질한 시체 더미를 생생하게 묘사한 그림을 본다면, 즉각 그림에 담긴 허무주의적 메시지를 조심하게 될 것이다. 한편, 미학적 호소력이 담긴 작품은 그냥 받아들이고 싶을지 모른다. 이에 관한 가장 좋은 예는 에덴동산에서 찾을 수 있다.

루시퍼는 하와를 유혹할 완벽한 꾸러미를 찾아야 한다는 것을 알았다. 그는 가장 치명적인 내용을 전달하고 있었고, 그것이 완벽해야 함을 알고 있었다. 만약 그가 무시무시하고 혐오스러운 것을 집었다면, 하와는 한 마디로 거절했을 것이다. 하지만 대신에 사탄은 안목의 정욕과 육신의 정욕, 이생의 자랑을 불러 일으킬 꾸러미를 찾았다 **창 3:6, 요일 2:16**.

4. **전달 수단이 메시지에 적합한가?** 예술가가 선택한 스타일 혹은 형식

이 내용을 부각하기에 가장 좋은 수단인가? 사탄숭배자들이 종종 선택하는 음악 스타일을 살펴보자. 그것은 고스(Goth, 1980년대 유행한 음악의 한 형태로 가사에 주로 종말과 죽음, 악의 내용을 담고 있음 - 역자 주) 풍 하드코어 록의 경향을 띤다. 왜 그런가? 그런 음악 스타일이 공격성과 - 때로는 - 분노를 불러일으키기 때문이다. 그것들은 사탄숭배자들이 하나님과 부모들을 향한 증오의 메시지를 팔기 위해 불러일으키고 싶은 감정들이다. 그들은 자신의 메시지에 맞는 전달 수단을 골랐다.

당신이 노래로 재미있는 이야기를 들려주고 싶다고 해보자. 전달 수단으로 하드코어 록을 선택하겠는가? 절대 그렇지 않을 것이다! 그 음악은 당신 메시지에 관한 잘못된 감정을 불러일으킨다.

**5. 이것이 하나님의 시간과 돈을 가장 잘 사용하는 것인가?** 우리가 가진 것은 모두 하나님의 것이다. 우리는 그분의 청지기일 뿐이다 고전 6:19-20.

그리스도인이라고 공언하면서 카지노에서 도박하는 것은 괜찮다고 생각하는 한 남자와 대화했던 적이 있다. 나는 그가 교회 재정부에서 섬기고 있다는 이야기를 듣고 이렇게 물었다.

"재정부 담당자가 돈을 딸 때까지 교회 돈으로 도박하는 게 옳은가요?"

"물론 안 되죠!"

그가 대답했다

"주님의 돈으로 도박을 하다니요!"

"그렇다면."

나는 힘주어 말했다.

"당신 돈은 주님의 것이 아닌가 보군요."

어안이 벙벙해진 그의 얼굴을 보니 핵심을 이해한 것 같았다.


**6. 가능한 가장 낮은 기준에 맞춰 판단하지 말라** 십 대들은 부모를 죄책감에 빠지게 해서 관용을 베풀게 하려고 종종 이렇게 말한다.

"다른 애들은 다 한단 말이에요. 그걸 하지 않는 건 저뿐이에요."

그런 다음 그들은 부모에게 이런 식으로 말한다.

"그건 공포 영화 같은 게 아니에요."

또는 이렇게 말하기도 한다.

"그건 내 친구들이 듣는 음악보다 나은 거예요!"

자신의 세계관과 일치한다면, 십 대들은 부모에게 이렇게 말할 것이다.

"차갑고 곰팡내 나는 찌꺼기를 저녁으로 먹어도 되나요? 어쨌든 그건 쥐약 먹는 것보다는 낫잖아요."


## 모든 것을 내려놓고


예술적 표현들을 평가할 때는 제시되는 꾸러미 전체를 고려해야 하며, 자신의 개인적 기호를 도덕 기준으로 설정하지 말아야 한다. 오직 하나님만 기준 삼아야 한다. 예를 들어, 노래 가사에서 수용할 수 없는 단어나 사상의 목록을 게시하고 기준에 맞지 않는 모든 것을 던져버리는 건 정말 간단하다. 많은 그리스도인 부모가 내용의 영역에 전적으로 영향을 미친다. 그리고 아이들은 때때로 여기에 반항한다.

십 대들은 부모가 공평한 일반적 기준에 근거해서 판단하고 있는지, 아니면 단순히 개인 의견에 따른 주관적 기준으로 판단하고 있는지 의아해한다. 모든 기준을 고려하되, 하나님의 거룩한 본성이 변함없는 기준이라는 것을 명심하라.

다문화주의자들이 현재 가장 활동적이고 헌신된
교육 철학자들이라고 말해도 지나치지 않다.

닐 포스트만, 《교육의 종말》

하나님의 창조 경륜 속에는 인간의 평등주의가 의도되어 있었다.
즉, 각 사람은 본질적으로 평등하며 존엄하다. 한편, 사상에서는
엘리트주의가 있었는데, 이는 모든 사상이 동등하지 않다는 것,
즉 어떤 사상은 다른 것에 비해 분명히 우월하다는 것을 뜻한다.

라비 재커라이어스 1)

# 다문화주의
# Multiculturalism

1886년 뉴욕 엘리스(Ellis) 섬에 자유의 상징이 세워졌다. 자유의 여신상은 1세기가 넘도록 미국 해변에 들어오는 이민자들을 환영하며 서 있었다. 엠마 라자루스(Emma Lazarus, 19세기 미국의 시인이자 번역가 - 역자 주)가 쓴 불멸의 시가 모든 나라와 족속과 민족에서 온 사람들을 맞이했다.

"고단한 자들, 가난한 자들,
자유를 숨쉬기를 갈망하며 떼 지어 몰려드는 군중들,
풍요로운 바닷가를 거절하는 불쌍한 사람들,
폭풍우에 시달린, 집 없는 사람들
나에게 보내주오
황금의 문 옆에 불 밝히리니!"

그것은 미국의 전통적인 역할 - 핍박받는 자들의 천국 - 이 되어왔다. 새로운 시작. 기회의 땅! 미국은 자유 민주주의를 구현하는 선구자 역할을 했다. 그곳에서는 누구라도 성공할 수 있었다. 열심히 일하려고 한다면 말이다. 미국은 추락한 자들에게 손을 내밀었고, 그들을 끝까지 도왔다. 그리고 이 새로운 이민자들은 감사의 마음을 자신의 나라에 돌려주었다.

미국이 모든 민족, 문화, 언어 그리고 신념의 도가니가 되었을 때, 이런 시나리오를 그렸을 것이다. 이민자들은 자부심을 갖고 '미국 시민'으로서의 새로운 지위를 환영했다. 그들은 이 놀라운 땅에서의 삶의 물줄기에 편승하게 된 것에 무척이나 전율했다. 그들은 타국인이 아니라 미국인이었다! 그들은 전체의 의미 있는 한 부분이었다.

그러나, 얼마나 많이 달라지고 말았는가! 포스트모더니즘 다문화주의가 현대 교육 체계에 완전히 스며들고 말았다. 유치원에서 대학원에 이르기까지 미국의 공립학교 교실은 '사회적으로 압박당하는 사람들'이 자신의 문화유산에 관한 공정한 대우를 바라며 로비를 벌이는 유세장이 되고 있다. 미국인 사이에 살아가는 대신, 우리는 이제 '아프리카계 미국인, 라틴계 미국인, 아시아계 미국인 그리고 원주민 미국인들'과 함께 살고 있다.

내가 혹시 잊은 사람들이 있나? 맞다. 가장 최근에 추가된 사람들이 사회적 엘리트에게 압박받는 최후의 희생자가 되지 않을까 두렵다. 그들은 바로 많이 알려지지 않은 '유럽계 미국인'이다.

다문화주의 운동을 둘러싸고 수많은 이슈가 대두되고 있는데, 그리스도인 홈스쿨 교육자인 우리는 이 현상을 어떻게 바라보고 아이들에게 어떻게 균형 잡힌 세계관을 전해줄 수 있을까?

다인종 교육의 바탕에 깔린 전제는 교육자들이 역사, 미술, 음악, 언어, 종교, 심리학, 문학, 사회학, 정치학, 경제학 그리고 사실상 문화 전반을 바라보는 방식에 영향을 미친다. 어떤 면에서, 그것은 신성한 것으로 추앙되어 거의 일종의 종교가 되어 버렸다.

어떤 사람들은 그것을 단순히 세계 역사 교육의 확장으로 본다. 또 다른 사람들은 그것을 현대 문화의 경향에 관한 공부, 그리고 모든 사람을 사회적 관용이라는 거대한 집단으로 연합하려는 계획으로 이해한다. 어떤 사람들은 그것을 마틴 루터 킹 목사의 '평등의 꿈', 즉 모든 사람이 '피부색이 아니라 성품으로' 판단 받는 곳에 관한 응답이라며 환영한다. 다른 사람들은 그것을 단일 세계 정부의 선전으로 본다. 그 운동을 평등이 아니라 노동자 계층의 특별 대우와 혜택을 위해 로비하는 소수자들의 목소리로 보는 사람들도 여전히 있다.

다문화주의는 인종적으로 분열된 미국의 위대한 구세주인가? 아니면 우리를 우주적인, 전체주의의 독재에 접붙여 인류를 파멸하려는 사탄의 도구인가?

## 진보주의자들의 관점

새로운 사회 공학자(Social Engineer)들은 '죽은 백인 남자들'[Dead White Males, 특정 시대 특정 분야의 인물을 인종(백인)과 성별(남성)이라는 이유로 더 높이

평가하는 것 - 역자 쥐의 사상이 현대 교육 체계를 비윤리적으로 지배해왔다고 판단했다. 대부분의 도심지 학교들은 다양한 인종적 배경을 가진 젊은이들이 섞여 있다. 관용적이고 평화로운 학습 환경을 구축하기 위해 교사들은 통합과 수용을 방해하는 관계적 장벽을 허물어뜨리는 것이 필요하다고 생각한다. 다문화주의는 그것을 위해 사용하는 도구 중 하나다. 단지 학생들이 서로 해치지 못하게 하려고 그런 프로그램을 도입한 학교들이 많다는 논쟁이 일어날 수 있다.

닐 포스트만은 자신의 책 ≪교육의 종말≫에서 이렇게 말한다.

"1915년 초반 '도가니 비유', 그리고 특별히 그것이 가정하고 있는 현실에 관해 불평이 표출되었다. 미국의 신조는 주로 앵글로 색슨 전통에 기초했다고 인정되지만, 그 원리들은 이민자들에 의해 폭넓게 규정되고 있다는 주장이 제기되었다. 이민자들은 자기들만의 전통으로 그것을 풍성하게 했고, 어떤 경우든 자신들의 인종적 정체성을 버리려 하지 않았다.

문화 복수주의(Cultural Pluralism)라는 사상이 1930년대 초반 대부분의 학교에 스며들었다. 이는 많은 공립학교에서 각기 다른 미국인 그룹들의 역사와 문학과 전통이 미국의 신조라는 거대한 이야기의 일부로 포함되었음을 의미했다." 2)

다인종 교육은 인종적으로 개방된 학교 환경을 지향하는 수단이다. 그것은 전혀 해롭지 않은 것처럼 보이지만, 인종적 외양이라는 표면 아래 더 깊은 문제가 놓여 있다. 모든 인종은 본래 평등하다고 여겨질 뿐 아니라, 어떤 형태의 사상적 신조도 가능하고 수용할만한 것으로 고려된다. 포괄적인 이 '특성들'의 목록은 성적 선호, 종교, 삶의 방식, 신념 또는 세계관의 모든 형태를 포함한다. 그들은 상대적이고 개방적이어야 한다고 주장한다.

> "본래 다른 것에 비해 우월한 가치 체계는 없으며, 모든 문화가 동등하게 창조되었다는 것이 대부분의 다문화주의자 사이에 존재하는 믿음이다." 3)

그러나 큰 문제는 다문화주의자들이 진정한 상대주의, 즉 '모든 사람은 동등하게 대우받는다'라는 것을 믿지 않는다는 점이다. 그들은 새로운 종류의 인종적 불평등, 즉 백인들이 소수자들의 법에 예속된다는 점을 관철하려고 로비를 벌이고 있다. 압제당한 자들이 백인 다수의 손에서 겪은 불의에 관한 일종의 앙갚음이다. 이런 선전에도 그들은 다른 가치관을 가진 절대주의자들일 뿐이다. 그들은 성경의 원리를 제외한 모든 것을 수용한다.

그들은 모든 사람에게, 모든 장소에서, 언제 어느 때나 절대적으로 맞는 것은 없다고 믿는다. 유일하게 절대적인 것은 '절대적 구속력을 가진 것은 없다'라는 점이다. 그들은 비관용을 제외한 모든 것에 관용을 베푼다. 유일하게 참되고 타당성 있는 종교라고 주장하는 기독교만 빼고, '모든 종교는 참되고 타당하다'라고 말한다.

그들은 절대주의자의 관점을 고수하고 있는 게 분명하다. 문제는 그들의 노선이 단지 다른 장소에서 나왔다는 점이다.

나는 다문화주의자들이 드러나지 않은 완고한 편견 추종자들이라고 감히 말하고 싶다. 그들이 백인 우월주의자인 KKK단과 유일하게 다른 점은, 그들의 미사일이 미국 인구의 다른 한 부분을 차지하는 그리스도인들을 겨냥하고 있다는 것이다.

## 유럽 중심주의(Eurocentrism)

*"'민족'은 미국에서 특별한 의미가 있다고 자주 지적받는다. 민족은 소위 '하부' 민족을 포함한다. 그것은 하부 문화들의 문화이거나, 편집장들의 표현대로 '공동체들의 공동체'다."* - 리처드 존 뉴하우스(Richard John Neuhaus) 4)

자유주의자들이 기독교 커리큘럼이 서구 사상에 기초한다고 말할 때, 정확하게 그들은 무엇을 언급하는 것인가? 유럽은 매우 다양한 사상적 관점들을 망라한다. 그들은 그것이 '마그나 카르타'(Magna Charta, 1215년 영국의 존 왕이 승인한 국민의 자유 및 권리 확인서로, 영국 헌법의 기초 - 역자 주)의 가치, 혹은 어쩌면 프랑스 계몽주나 중세 가톨릭을 반영한다고 말하고 있는가? "현대 모든 '개신교' 교과서는 '백인 남성들'(White Males)의 편견에 부패되었다"라는 비난의 저변에 깔린 기본 사상은, 다문화주의 자체에서 배태된 인종적 편견을 드러낸다.

　정부가 만든 일부 교과서에서, 백인 '유럽 중심' 그리스도인들은 현존하는 모든 사회악의 원인으로 비난받는다. 자본주의에서 교리문답에 이르기까지 모든 것이 '사회의 정밀 조사'라는 현미경 아래 해부된다.

　하와이의 역사에 관한 공영 텔레비전의 특별 프로그램을 본 적이 있다. 그 프로그램은 하와이의 섬 주민들을 고압적인 백인 미국 선교사들의 손에 굴복당하고 박해당한, 평화를 사랑하는 순진무구한 원주민으로 묘사했다. 이 교만하고 부정한 전복의 기초는 무엇인가? 선교사들은 원주민들에게 그들은 '죄인'이며, 자신들이 최선을 다해 부두교와 마술을 근절하겠다고 말했다.

　그 다큐멘터리는 원주민들의 원시적 삶의 방식이 산업화된 현대 미국보다 우월하다는 입장을 고수했다. 의례적인 희생 제사와 기타 사탄적인 우상 숭배를 비롯한 이교도 활동에 참여했을지라도, 그들의 행동은 그들 유산의 일부이기에 존중해야 한다는 것이었다. 그들은 현대 하와이에 존재하는 모든 경제와 가정 문제의 원인을 기독교를 전파한 백인 선교사들로 몰아갔다.

　이런 식의 역사 수정은 아메리카 원주민 연구에서도 나타났다. 여기서 원주민 종족들은 영적으로 우월하고, 생태학적으로 인간 존재의 양심적 모델로 여겨진다. 그들이 '백인 남자 언어'를 배우고, '백인 남자 옷'을 입고, '백인 남자 종교'를 배워야 했다는 사실은, 양도할 수 없는 그들의 인권에 대한 침해로 여겨진다.

## 다문화주의의 타당한 주장

나는 다문화주의의 선전을 결코 지지하지 않지만, 그 운동은 일부 타당한 면이 있다. 우리는 모든 세계관이 동등하고 참되다는 이론에 분명히 동의하지 않지만, 기독교 세계에 침투한 반 성경적 우월 콤플렉스는 고려해 볼 필요가 있다.

우리는 모든 문화가 같지 않다는 점을 알고 있다. 우리는 특정 정부와 경제, 삶의 방식이 다른 것에 비해 질적 수준이 낮다는 것을 이해한다. 편견에 치우친 말이 아님을 이해해주기 바란다. 그것은 정말 객관적으로 맞다. 예를 들어, 제3세계 국가들이 여러 유럽 국가와 사회 경제적으로 동등하다고 할 수 없다. 그래서 많은 그리스도인이 이들 국가를 구성하는 개인도 분명 수준이 떨어질 거라고 생각한다. 이 같은 견해는 역사를 거슬러 올라가도 확인할 수 있다. 한 문화가 그 지위 면에서 다른 문화에 비해 열등하다면, 개인들도 열등한 인간임이 분명하다고 일반적으로 여겨졌다.

그리스인들은 이런 식으로 생각했다. 그들은 그리스인 아닌 사람을 야만인이라고 불렀다. 로마인들, 그리고 20세기 독일의 나치 역시 이런 극단적이고 편협한 지방색을 영속시켰다. 그것은 또한 식민지 시대 아프리카인들을 바라보는 많은 미국인의 관점이기도 했다.

*"유럽인들은 다양한 방법으로 그들과 아프리카 흑인들 간의 문화적 차이를 설명하려고 애썼다. 하지만 그 모든 것이 거짓임을 보여주는 증거를 찾았다. 마침내, 유럽인들은 자신들이 납득한 유일한 이론인 '인종 기반'(Race-Based) 이론을 정했다. 그들은 - 비록 틀리기는 하지만- 사회적 진보와 피부색 같은 신체적 특징은 관련이 있다고 결정했다. 그들은 어떤 사람들은 본래 다른 사람들보다 우월하며, 이는 그들의 위대한 문화적 진보의 원인이라고 주장했다."* [5]

'내가 너보다 낫다'라는 1태도의 현대적 사례는, 아마도 전직 대통령 클린턴이 한때 유일한 한 가지 언어를 말한 유일한 세계 지도자였다고 주장한 PBS(Public Broadcasting Service, 미국 공영 방송망 - 역자 주) 특집 프로그램일 것이다. 다른 모든 나라는 이중 언어 사용의 유익을 알고 있다. 하지만 미국인들은 그렇지 않다. 미국인들은 어쨌든 영어가 우월하기 때문에, 미국인이 아닌 모든 사람에게 영어를 가르치려 한다. 이것은 잘못된 전제이며, 다른 나라들에 대한 복음 증거를 방해한다. 다른 사람들은 이런 태도를 교만하고 거만하다고 여긴다.

# 인간 삶의 가치

기독교 신앙의 가장 기본적인 교리 중 하나는 '모든 인간이 하나님의 형상대로 창조되었다'라는 것이다. 인간 삶의 본래 가치는 아프리카인, 유대인, 아시아인, 히스패닉, 유럽인 또는 다른 특정 민족들 사이에서 동등하다. 인간의 가치를 결정하는 것은 국적이나 피부색, 또는 인종이 아니다. 하나님 나라는 모든 인종을 아우르며, 전능하신 하나님의 절대적인 법 아래 굴복하는 모든 사람에게 동등하게 주어진다.

여기서 '누구든지'는 유대인과 그리스인을 구분하지 않고 모든 사람을 뜻합니다. 모든 사람이 같은 주님을 믿으며, 그분의 무한한 자원은 그분을 믿음으로 의지하는 모든 사람을 채우고도 남기 때문입니다. 그렇습니다. 누구든지 주님의 이름을 부르는 사람은 구원을 얻습니다 롬 10:12-13.

하나의 민족으로서 미국 국민이 긍정적인 무언가를 성취했다면, 그것은 미국인의 '유전적 장점' 때문이 아니라 하나님에게 순종하며 살아간 덕분임을 명심해야 한다. 하나님은 뉴기니의 알려지지 않은 부족들의 삶보다 미국인의 삶에 더 가치를 부여하지 않으신다. 안타깝게도 많은 그리스도인 홈스쿨러가 아이들에게 이 점을 제대로 가르치지 못하고 있다.

# 기독교 교육

미국 역사를 바라보는 기독교적 관점이 상당 부분 이교도 체제의 급진적이고 극단적인 관점에 대한 반사 반응이었다고 생각한다. 그 결과, 일부 기독교 교육가들은 미국 전통 바깥에 있는 사람들에 관한 연구를 전적으로 무시해왔다. 많은 기독교 커리큘럼 출판사들은 미국 문화와 사회, 제도가 다른 나라보다 우월하다고 여기며, 다른 모든 나라가 미국주의(Americanism)를 기준 삼아야 한다고 주장한다. 그들은 다른 나라의 문화를 강조하는 것을 열등한 민족에게 불필요한 관심을 쏟는 것이라고 느낀다.

다문화주의자들이 '특정 민족과 인종 집단이 유럽-아메리카인보다 우월하다'라는 주장을 펼치는 것은 잘못이다. 그러나 동일한 관점에서, 미국 문명이 - 어쩌면 명령 때문이 아니라 이념적으로 - 본래 다른 나라보다 우월하다고 고집하는 것도 잘못이다. 미국인들이 신분 때문에 다른 나라 사람들보다 정말로 더 나은 것이 아니다. 미국인들이 어떤 식으로든 다른 문화를 능가해 왔다면, 그것은 성경 원리를 잘 이행했기 때문이며 하나님의 자연법칙인 '인과 법칙'의 열매를 거두었기 때문이다.

일부 기독교 홈스쿨 도서와 커리큘럼은 미국을 기독교 국가로 언급한다. '기독교 국가'에 관한 두 가지 가능한 정의가 있다. 첫 번째는 국민 대다수가 거듭난 그리스도인인 나라이다. 두 번째는 하나님이 - 이스라엘 민족에게 행하셨던 것처럼 - 어떻게 해서든 그분의 표식을 새기신 나라이다. 나는 이 두 가지 정의에 기초해서 '미국은 기독교 국가'라는 주장에 반대하고자 한다.

첫 번째, 미국에서 진정으로 거듭난 그리스도인은 소수에 불과하다. 두 번째, 하나님은 우리가 그분의 법에 순종하는 만큼만 미국을 인정하실 것이다. 우리가 순종하기를 멈춘다면 하나님도 더는 복 주지 않으실 것이다. 일부 저자들의 주장에도, 하나님은 미국과 취소할 수 없는 계약을 맺지 않으셨다.

헨리 모리스 박사는 이렇게 말했다.

*"애국주의는 - 그 나라와 지도자가 하나님의 뜻을 따르고자 구하고 있다면 - 고귀한 태도이다. 그러나, 그러한 국민의 애국주의가 국가 - 특히 (타고났든, 지명되었든, 선출되었든, 정복을 통한 것이든) 지도자들로 인격화된 - 가 하나님의 자리나 특권을 찬탈하려는 지점으로 이용된다면, 우상 숭배이자 신성모독 행태가 될 것이다."* 6)

다문화주의자들이 그렇게 표지를 놓쳐버린 것과 마찬가지로, 일부 기독교 홈스쿨 교육자들도 균형 잡힌 세계관을 가르치지 못했다.

다른 문화를 다룰 때는 일반적 절대성을 강조해야 하며 비본질적 선호를 두고 말다툼 벌이는 것을 피해야 한다. 어떤 사람이 복음의 능력으로 변화될 때, 그의 외적 삶의 방식도 변화될 것이다. 그것은 안에서 밖으로 일어나는 것이지 밖에서 안으로 일어나는 게 아니다. 만일 어떤 사람에게 그가 성령의 새롭게 하시는 능력으로 변화되었다는 확신도 없이, 그의 습관, 옷, 음식, 머리 모양, 음악적 선호 등을 바꾸라고 설득한다면, 영원한 가치를 아무것도 얻을 수 없을 것이다.

"문화의 어떤 면은 단지 취향이나 선호의 문제이다. 우리는 이들 타당한 문화적 다양성의 영역에서 융통성을 발휘할 수 있고 그렇게 해야 한다. 고린도전서 9장 19절에서 23절까지의 말씀을 따라, 더 나은 소통을 위해 우리 방식을 다른 사람의 방식으로 기꺼이 바꾸는 것까지도 감수하며 말이다." 7)

## 국가의 주권은 어떠한가?

다문화 운동의 가장 위험한 점 중 하나는 '우리는 전 세계의 시민이 되어야 한다'라는 생각을 주입하는 데 있다. 이교도들의 이상적 목표는 모든 사람을 단일 세계 정부의 영도 아래 모으는 것이다. 이것이 성취되면, 세계적 관여주의자(Globalist)들은 평화가 넘치고 인종 간 화합이 이루어지는 행복한 세상을 내다볼 것이다.

그들의 주장에는 몇 가지 문제가 있다.

첫 번째, 인간의 죄성 때문에, 그런 세계 정부는 히틀러처럼 피를 뿌리는 방식으로만 가능하다. (결코 평화로운 방법이 아니다.)

두 번째, 인종 연합은 결코 인종 편견을 통해 성취할 수 없다. 한껏 고양된 소수 문화와 억압당한 집단은 다문화 운동 옹호자들이 비난하는, 바로 그 불의를 양산한다. 즉, 특정 인종 집단이 우월한 지위를 갖는 것과 인종 분리와 분리주의자들의 경향이 심화되는 것이다.

세 번째, 세속주의자들은 인종 평등과 연합을 갈망하는 데 바탕이 되는 합리적 기초를 갖고 있지 않다. 그들은 주로 인간이 더 하등한 생명 형태에서 진화되었다고 믿는 다윈주의자들이다. '자연선택'의 모든 전제는 '적자생존'이다. 당신은 동료를 도와 구출하지 않는다! 당신은 먹이 사슬에 따라 그를 밟고 앞서 나간다. 인격적 하나님에 의한 창조의 토대를 떠나서는 세계 평화를 뒷받침할 합리적 근거가 없다. 다윈은 - 비록 잘못 알았지만 - 적어도 그의 세계관에 일치했다.


논리적 추론이 부족한데도, 그들은 여전히 통일된 단일 세계 정부를 제안한다. 그 정부는 모든 비관용과 고집불통의 편견을 없앨 것이다. 이런 개념은 기독교 밖에서 결코 생길 수 없다. 그리고 불행히도 성경을 믿는 자들은 이 뉴에이저들이 '지구에서 던져버리고 싶은' 첫 번째로 귀에 거슬리는 집단이 될 것이다.

그리스도를 떠나서는 함께 모일 이유도 그것을 떼어낼 수단도 없다. 우리가 믿는 것은, 우리 모두 하나님 형상대로 창조되었고, 타락한 존재이며, 하나님과 서로 간의 화목이 정말로 필요한 사람들이라는 것이다. 이 때문에 우리는 차이와 편견을 내려놓을 수 있다.

미국 지폐에 '여럿으로 이루어진 하나'(E Pluribus Unum, 1955년까지의 미국의 표어. 현재는 'In God We Trust'가 인쇄되어 있음 - 역자 주)라는 문구가 있다. 대학은 사회적 관용과 모든 사람의 평등을 가르친다. 그러나 라비 재커라이어스가 매우 설득력 있게 지적하듯이, 우리는 오직 그리스도 안에서만 진정한 '다양성 속의 통일'을 찾을 수 있다. 8)

사랑 안에서 우리를 맺어주는 분은 성령님이시다. 사회악을 물리쳐줄 구세주로 다른 이교도 나라들과의 정치적 동맹을 구해서는 안 된다. 또한 누구에게도 "틀렸다, 잘못되었다"라고 말하지 않는, 모든 것을 포괄하는 관용의 태도를 취해서도 안 된다.

*"다른 문화를 공부하는 것은 좋지만, 다문화주의가 되면 고유의 문화가 없어질 것이다."* 9)

민족으로서의 정체성을 잃어버릴 필요는 없다. 다른 민족들의 힘을 배우고 거기서 유익을 얻기 위해서다. 얼마나 많은 외국 문화가 현대 미국 문명을 더 풍성하게 해주었는지 보라. 우리는 다른 나라들로부터 훌륭하고 풍성한 언어, 음식, 전통 그리고 사상을 들여와 통합했다. 우리는 우리 고유의 유산을 버리지 않았다. 즉, 단지 그것을 보충했을 뿐이다.

## 성경적 모델

홈스쿨 학생들이 세상의 잃어버린 영혼에 대한 부담을 갖는 것은 중요하다. 균형 잡힌 기독교 교육은 다른 나라, 인종, 언어, 삶의 방식 그리고 사회적 기후 등에 관한 공부를 포함해야 한다. 우리는 하나님이 전 세계 다른 지역에서 일하고 계시는 것을 보기 위해 다른 문화가 지닌 아름다움을 인정해야 한다.

모든 인간의 삶은 소중하며, 모든 인간이 하나님 앞에서 동등한 지위를 갖고 태어났다는 것을 알아야 한다. 우리는 모두 구세주를 필요로 하는 죄인들이다. 다른 문화에서 불균형적인 모습 - 예를 들어, 힌두 교리로 인한 굶주림 - 을 보면, 잘못된 이데올로기에 대해 분노해야 한다. 하지만 그렇다고 인도 사람들 전부를 (인종) 차별해서는 안 된다.

다른 문화의 구원받지 않은 사람들과 자신의 가장 큰 차이는 언어, 옷, 음식, 피부색 또는 경제적 계층이 아니라 영적 기만과 진리로부터 분리된 것임을 인식해야 한다. 우리 사이에 놓인 문화적 간극을 메꾸기 위해 노력하며, 우리 모두 자유롭게 되는 전 우주적 소망을 공유해야 한다.

그리스도의 피가 우리 모두를 하나님 안에서 하나로 연합시킬 수 있다.

이 새 사람은 그리스인이나 유대인, 할례 받은 사람이나 할례 받지 않은 사람, 외국인이나 미개인, 노예나 자유민으로 구별하지 않습니다. 그리스도가 모든 이 안에 거하시므로, 그분만이 중요합니다 골 3:11.

오직 그리스도 안에서, 성령의 하나 되게 하심을 통해 모든 인종, 모든 피부색, 모든 나라와 족속의 사람들과 교제를 즐길 수 있다. 오직 참된 하나님 아버지 안에서 형제와 자매로 하나 되어 한 가족으로 맺어질 수 있다. 모든 남자와 여자 안에서 하나님의 형상을 보도록 하자. 그리고 피부색이라는 표면 바로 아래 놓인 가능성을 보도록 하자.

우리가 매우 철저하게 이해해야 할 것이 있습니다.
국가가 권리를 주었다면, 국가는 그것을 거둬갈 수 있습니다.
그것은 양도할 수 있습니다. 국가가 권리를 준다면,
그들은 그것을 변화시키고 교묘하게 조작할 수 있습니다.
그러나 미국 헌법 제정자들은 창조주가 계시다는 것과
그분이 양도할 수 없는 권리를 주셨다는 것을 믿었습니다.
우리가 여전히 누리고 있는 자유를 우리에게 주었다는 것입니다.
… 우리는 그 자유를 잃고 있습니다.
그리고 이 나라에서 다른 세계관이 큰 힘과 세력을 계속 쥐고 있다면,
그 자유를 계속 잃게 될 것입니다.

프란시스 쉐퍼, 1982년 코랄 리지 장로교회에서

<br />

# 부모의 권리

아이들을 집에서 가르칠 권리가 부모에게 있는가? 그렇다면, 연방정부와 주 정부는 그 교육에 관심을 두고 있는가? 이 주제를 철저하게 이해하려면 기초 작업부터 해야 한다. 권리의 기초부터 찾아보고, 그 뒤에 정부의 적절한 역할을 규정해야 한다.

## 권리는 무엇인가?

권리는 외부 근원으로부터 부여된 것이다. 누군가가 "내게는 이 땅에 집을 건축할 권리가 있어"라고 말한다면, 자신 이외의 권위로부터 그 '권리'를 받았다는 것을 논리적으로 짐작할 수 있다. 권리는 단지 자신의 갈망에서 나오는 것이 아니라, 권위를 가진 누군가에 의해 주어져야 한다.

<br />

<br />

권한은 그렇게 할 권위를 가진 올바른 증여자에 의해 부여될 수 있다. 우리는 특정 권한을 부여받고 난 뒤에라야 다른 사람에게 제한된 권한을 위임할 수 있다.

특정 지역에 집을 지을 권리를 예전 주인이 주었다고 말할 수 있을지 모른다. 그 주인은 그 땅에 대해 하고 싶은 대로 할 자유를 완비한 채, 내게 그 땅을 팔았다. 예전 주인은 그 권리를 어디서 획득했을까? 당연히 또 다른 사람에게서 얻었을 것이다. 궁극적으로, 사유 재산을 가질 권리는 하나님에게서 온다 레 25:23.

## 권리의 기원

야고보 사도가 이런 말을 했다.

그런데 심판자는 오직 한 분입니다. 율법도 그분이 주셨고, 생명과 죽음을 주관하는 절대 권한도 그분의 것입니다. 그러면 여러분이 어떻게 이웃을 심판할 수 있겠습니까? 약 4:12.

얼마나 심오한 사상인가. 모든 권리는 궁극적으로 스스로 권한을 부여받은 올바른 증여자 - 하나님 - 로부터 나온다 단 7:14, 골 2:9-10.

믿음의 주이신 예수님은 자신의 권한에 관해 다음과 같이 말씀하신다.

또 아버지께서는 아들에게 심판할 권한을 주셨다. 아들이 인자이기 때문이다 요 5:27.

누구도 내 생명을 빼앗아가지 못합니다. 다만 나는 내 자유의지로 내 생명을 바칩니다. 나는 내 생명을 바칠 권한도 있고 다시 얻을 권한도 있습니다. 이것이 내가 아버지께 받은 명령입니다 요 10:18.

우리가 누구이기에 다른 사람을 판단하고 그들에게 권리를 주는가? 우리에겐 하나님이 주신 것 외에 어떠한 권리나 권한도 없다.

정의는 단지 하나님이 행하시는 어떤 것이 아니다(그분은 사람들을 공정하게 대하신다). 정의는 그분의 거룩한 본성과 뗄 수 없는 부분이다. 모든 참된 정의는 하나님 자신의 본성에서 나온다. 인간은 그 안에 옳게 판단할 능력이 없다.

성경은 또 이렇게 말한다.

높이 세우는 그 일은 동쪽에서나 서쪽에서 말미암지 않고, 남쪽에서 말미암지도 않는다 오직 재판장이신 하나님만이, 이 사람을 낮추기도 하시고, 저 사람을 높이기도 하신다 시 75:6-7.

난 누구도 하나님이 주신 것 외에 타당한 권리를 갖고 있지 않다고 강조하고 싶다. 누군가 이렇게 말할지도 모른다.

"나에겐 아내를 때릴 권리가 있소."

난 이렇게 물을 것이다.

"그 권리를 어디서 얻었습니까?"

그가 대답한다.

"그 권리는 나한테 있소."

또는 이렇게 대답할 수도 있다.

"우리 지역 관할에서 그것을 허락하는 법을 만들었소."

하나님이 그런 권한을 주시지 않기 때문에 그에게는 아내를 때릴 합법적 권리가 없다. 그렇게 행할 법적 자유가 있다는 것이 그렇게 행할 권리가 있음을 의미하지 않기 때문이다.

## 특권과 책임

우리에겐 하나님이 말씀 안에서 주신 책임이 있다. 그분은 특정한 일을 하라고 명령하셨고, 우리에겐 순종할 의무가 있다. 예를 들면, 다음과 같은 것들이다.

또한 어떤 이들처럼 교회 모임을 멀리하지 말고 서로 최선을 다해 믿음을 북돋

아줍시다. 마지막 날이 다가오니 더욱 힘씁시다 히10:25.

아버지 여러분, 자녀를 지나치게 꾸짖거나 그들이 계명에 순종하기 어렵게 만들지 마십시오. 기독교의 가르침과 훈육으로 양육하기 바랍니다 엡6:4.

교회는 함께 모일 책임이 있고, 부모들은 하나님의 방법으로 아이들을 양육할 책임이 있다. 따라서 우리에게도 그렇게 행할 권리가 있다고 추론할 수 있다. 하나님이 명령을 확정하신다면, 그분은 우리의 참여를 정식으로 허가하고 명령하신다.

권리를 주장할 때는 신중해야 한다. 우리는 하나님으로부터 권리를 부여받았다는 것을 분명히 할 필요가 있다. 한 홈스쿨러 엄마와 이야기를 나눈 적이 있다. 그녀는 아이들을 학교 스포츠와 과외 활동에 참여시킬 '권리' 문제로 공립학교 운영위원회와 다투고 있었다. 나는 이렇게 물어볼 수밖에 없었다.

"누가 당신에게 아이를 축구팀에 등록시킬 책임을 주었나요? 언제, 어디서, 누구한테 이 '권리'를 받았나요?"

우리는 다소 경솔하게 '권리'를 주장해서 큰 피해를 자초한다. 그러나 하나님이 주신 책임 - 예를 들어, 복음 전파 - 이 있을 때, 우리는 정부가 주장하는 것에 매이지 말고 순종해야 한다.

# 태도 점검

우리의 권리를 알고자 하는 목적은, 그것을 과시하거나 죄를 지어도 된다는 자격증으로 사용하기 위해서가 아니다 유 1:4.

하나님 주신 권리를 알면 그분의 질서를 이해하며 확신 가운데 나아갈 수 있다.

고린도전서 9장에서, 사도 바울은 고린도 교회 성도들에게 자신에게 교회로부터 재정적 혜택을 받을 권리가 있으며, 그것은 하나님이 주신 거라고 말했다. 그러나 그는 교회에 부담이나 방해를 주고 싶지 않았기 때문에 그 권리를 사용한 적이 없다고 즉시 덧붙였다 고전 9:12.

우리도 같은 자세를 가져야 한다. 하나님은 우리에게 일정한 특권을 허락하셨다. 그러나 그것이 꼭 해야 할 의무 사항이 아니라면, 다른 사람을 위해 내려놓기를 선택할 수도 있다.

하나님이 인간에게 권리와 권한을 위임하시는가? 물론이다! 삿 2:16, 계 2:26-28

하나님이 정부를 세우셨다. 그분은 사람들을 제한된 권위의 자리에 두시고 권리와 책임을 위임하신다. 하나님이 인류 가운데 세우신 정부에는 네 가지 주요 부문이 있다. 즉 개인, 가정, 교회 그리고 국가이다.

## 1. 개인 : 자치(Self-Government)

개인 정부는 근본적으로 주어진 것 - 또는 근본 원리 - 이다. 법인 정부는 개인의 도덕성을 합친 만큼만 도덕적이다. 또는 수학 방정식을 이용한다면, 전체는 부분의 합과 같다. 당신은 부패한 정치가로 이루어진 조직을 가질 수 없지만, 그럼에도 전체로서의 정치는 선할 거라고 기대한다. 대부분의 정치 행정의 경우가 그렇고, 정치 행정은 내 요점을 증명했다. 효율적인 정부를 위해 관여한 사람들이 자신의 도덕성을 평가하고, 그들이 성경 원리에 따라 살고 있다는 것을 확실히 해야 한다 고후 13:5, 고전 11:31.

### 2. 가정

가정은 지구상에 제일 먼저 존재한 가장 기본적인 법인 정부 형태다. 하나님은 말씀 안에서 가정 정부의 기본 규칙을 제정하셨다.

- 가정은 생육하고 번성하여 땅에 충만해야 한다 창 1:28.
- 그들은 땅을 정복하고 살아있는 모든 것을 다스려야 한다 창 1:28.
- 부모는 자기 자녀를 가르쳐야 한다 신 6장; 시 78편.
- 부모는 자녀들을 징계해야 한다 잠 19:18; 22:15.

**아빠의 역할 : 머리 됨** 남편은 아내를 다스려야 하고 엡 5:22-24; 벧전 3:1, 아내를 자기 몸처럼 사랑해야 한다 엡 5:28; 벧전 3:7. 양육과 훈련, 가르침은 아빠의 주된 책임이며 엡 6:4, 남성은 가정에 필요한 것을 공급해 주기 위해서 일을 해야 하는 책임을 떠맡아야 한다 창 3:16-19; 딤전 5:8. 징계는 주로 아빠의 역할이다 잠 15:5; 히 12:9-10.

**아내의 역할 : 남편의 권위에 순종** 아내는 아이를 낳는다 창 1:28; 딤전 2:15. 가정의 음식과 옷, 일반적인 돌봄은 명백히 아빠의 재정 지원을 통해 엄마가 공급해주기로 되어 있다 잠 31:15, 21, 27. 아내는 남편을 존중하고 존경하고 복종해야 한다 엡 5:22, 33.

**자녀의 역할 : 부모에게 순종** 자녀들은 부모에게 순종하고 부모를 존중해야 하며 엡 6:1-2, 부모의 가르침에 귀 기울여야 한다 잠 23:22.

**주의** 이상의 명령은 교회나 국가가 아니라 가정에 주어진 것이다.

### 3. 교회

교회는 섬김을 위해 개인 신자들을 온전하게 준비시켜야 하며 잃어버린 자들에게 복음을 전해야 한다. 또한 훈계, 세례, 교리 공부, 훈련, 교정, 교제, 성찬, 기도, 궁핍한 자들에 대한 물질적 도움, 예배 등을 제공해야 한다 행 2:40-47, 딛 2:15-3:1.

여기서 요점은 몸된 교회의 모든 기능에 관한 목록을 남김없이 제시하는 것이 아니라, 교회가 성도들이 사역하도록 지원하고 준비시켜야 함을 지적하려는 것이다. 교회는 가정을 지원하고 격려하여 그들에게 맡겨진 것을 충실히 다스리게 해야 한다.

# 사회 복음(Social Gospel)?

미국 교회는 일반적으로 사회적 이슈에 관해 발언하기를 두려워한다. 사회적 이슈는 전적으로 국가에 맡겨둬야 한다고 생각하는 사람이 많기 때문이다. 초대 교회는 일상의 실제적 부분에 관해 발언했는데, 그것은 우리 세대의 복지 정신에 관한 이야기였다 살후 3:10-12.

교회는 그 구성원들에게 삶을 향한 하나님 명령을 제대로 가르쳐야 한다. 아이들에게 음식, 옷, 안식처 그리고 교육을 제공하는 것이 국가 혹은 교회의 책임이라고 생각하는 가정이 있다면, 성경의 진리 안에서 가르침을 받을 필요가 있다.

교회는 다음 영역에서 모든 가정에 경건한 삶을 가르쳐야 한다.

- 옷 딤전 2:9

- 다른 사람들과의 관계 딤전 5장

- 결혼 고전 7장

- 어리석은 말 엡 5:4

- 성경 공부 딤전 4:13

- 재정적 책임 딤전 6:8-10

- 사업 운용 롬 12:11

다른 기능도 많지만, 하나님은 교회가 전체로서의 가정을 지원하고 힘을 북돋아줄 것을 계획하셨음이 분명하다. 교회의 역할은 아이들을 가르치고 훈련하는 것이 아니라, 가정을 준비시켜서 하나님 말씀을 이해하고 가정에서 그것을 적용하도록 돕는 것이다.

### 4. 국가 정부(Civil Government)

*"한 세대의 교실 철학은 다음 세대의 국가 철학이 될 것이다."* - 에이브러햄 링컨

국가 정부의 주요 역할은 다음과 같다.

- 하나님이 사람들에게 주신 권리를 보호한다.
- 정의를 수호한다.

국가는 하나님이 가정이나 교회에 전혀 예정하지 않으셨던 목적을 성취해야 한다. 그것은 잘못을 범한 사람들을 처벌하는 것이다 **롬 13:4**. 우리의 정부 형태는 시민 리더십에 관한 성경적 형태로부터 위험하게도 방향을 선회했다.

민주주의는 대부분의 기독교 교과서에서 칭찬과 갈채를 받고 있지만, 사실은 반 성경적 정부 형태다. 하나님은 사람들이 무엇이 옳고 그른지 결정하는 법을 만드는 것을 의도하지 않으셨다. 그분은 하나님이 이미 정

해놓으신 법에 우리가 순종하고 고수할 것을 원하셨다 잠 14:12.

미국의 법은 국민이 선출한 대표자들의 다수결 투표로 결정되며, 우리는 각각의 결정이 옳다고 여긴다. 우리는 대다수 미국인이 낙태를 원하기 때문에 그것은 틀림없이 옳다고 생각한다. 성경적 정부 형태는 경건한 사람들이, 하나님의 법을 붙들고자 관직을 얻은 '하나님의 법을 아는' 사람들을 세울 때 이루어진다 잠 29:2.

이 때문에 존 애덤스(John Adams)와 다른 헌법 제정자들은 민주주의 정부 형태는 비종교적이고 비도덕적인 사람들에게 효과가 없을 거라고 힘주어 말했다.

또 그대 에스라는, 그대가 섬기는 하나님이 그대에게 주신 지혜를 따라, 그대가 섬기는 하나님의 율법을 잘 아는 사람들 가운데서 법관들과 판사들을 뽑아세워, 유프라테스 강 서쪽에 있는 모든 백성의 재판을 맡아 보게 하여라. 율법을 잘 알지 못하는 사람들은 그대들이 가르쳐라. 하나님의 율법과 왕의 명령대로 따르지 아니하는 자는, 반드시 죽이거나 귀양을 보내거나 재산을 빼앗거나 옥에 가두거나 하여, 엄하게 다스려라" 스 7:25-26.

이 땅 전역에서 재판관들이 무지한 사람들에게 하나님의 법을 가르치는 것을 상상할 수 있는가? 그들은 하나님 말씀에 반하는 새로운 '법'을 만드는 대신, 법을 어긴 사람들을 신속하게 재판하며 주님 명령에 불순종한 사람들을 처벌할 것이다. 얼마나 급진적인 개념인가?

절대적 원천인 성경을 잃으면, 중심을 잃고 사회주의와 공산주의, 궁극적으로는 독재적 전체주의로 빠지게 된다. 모든 정부는 하나님이 세우셨다. 그러나 그분의 방식에서 벗어날 때, 그것은 심판받게 될 것이다. 국가는 하나님의 법을 붙들고 정의를 실행하며, 하나님이 개인과 가정과 교회에 주신 권리를 보호해야 한다.

다음 성경 구절을 국가의 세 기관과 비교해 보라.

주님께서는 우리의 재판관이시며, 주님께서는 우리에게 법을 세워 주시는 분이시며, 주님께서는 우리의 왕이시니, 우리를 구원하실 분이시다 사 33:22.

국가의 모든 부문 - 입법부, 사법부, 행정부 - 은 하나님의 권위에 종속되어 있다. 정부도 종종 개인처럼 하나님에게 불순종하는 것을 선택하기도 한다. 그러나 그럴 권리가 있는 것은 전혀 아니다. 불순종할 때, 정부는 심판을 받게 될 것이다 롬 13:1-2, 벧전 2:13-14.

국가의 존재 목적은 잘못을 범한 사람에게 벌을 주고, 옳은 일을 행한 자에게 상 주는 것임을 분명히 알 수 있다. 그러나 국가가 옳고 그름을 어떻게 알 수 있을까? 하나님 말씀을 기준으로 보면 된다. 계속해서 하나님의 법을 바꾸거나 옳은 길을 가는 사람들을 괴롭히는 것은 국가의 존재 목적이 아니다. 또한 하나님이 세우신 가정과 교회의 통치에 간섭하는 것도 국가의 존재 목적은 아니다.

가정과 교회가 범죄자들을 체포하고 기소하지 않는 것처럼, 국가는 가난한 자들을 먹이거나 집 없는 자들을 돌보거나 새 신자들에게 세례 주는 일을 하지 말아야 한다. 그런 책임은 교회에 위임되어 있다. 또한 국가는 아이들의 의료, 교육, 훈계를 위한 재정 모금을 시도하지 말아야 한다. 그런 책임은 하나님이 가정에 위임하셨다.

국가는 교육에 간섭하지 말아야 할 뿐 아니라, 집에서 아이들을 가르치라고 하나님이 주신 권리를 행사하는 부모들을 칭찬하고 지원해야 한다. 국가는 개인의 권리를 보호하고 정의를 수호하며, 우리의 권리를 공격하는 자들을 기소해야 한다.


## 부모의 권리?

나는 '부모의 권리 수정안'(Parents Rights Amendment)과 그 밖의 다양한 가정 교육법에 대한 많은 홈스쿨러 부모의 반응 때문에 마음이 불편하다. 사람들이 이렇게 말하는 소리가 들린다.

"그 법이 통과되어서 아이들을 집에서 훈육하고 가르칠 권리를 갖게 되면 좋겠어요."

급진적인 소리로 들릴지 모르지만, 당신은 이미 그 권리를 갖고 있으며 - 당신에게 그 책임이 있기 때문에 - 아이들에게 매를 들고 집에서 그들을 가르치게 허락해 달라고 요구할 필요가 없다. 그런 책임(권리)은 하나님이 이미 부모에게 주셨고, 국가의 사법권 아래 놓여있지 않다. 이런 법안을 제안하는 로비 단체들의 유일하고 합당한 목적은, 우리가 이미 그 권리를 갖고 있음을 국가에 알리기 위함이다. 우리의 권리를 보호하는 것이 정부의 책임이다.

## 권위의 남용

물론 우리는 어떤 형태의 정부라도 그 권력을 남용할 수 있다는 것을 잘 알고 있다. 그들은 하나님이 주신 권위를 잘못 사용할 수 있다. 국가가 그 권한의 경계를 넘어설 때 우리는 어떤 반응을 보여야 하는가? 그 권위에 맞서고 그것을 빼앗아야 하는가? 아니다. 우리는 보다 높은 법정, 즉 전능하신 하나님에게 호소해야 한다 벧후 2:19-21.

우리의 구세주는 궁극적인 최고의 권위를 갖고 있었을지라도, 그가 권한을 부여한 것에 복종하시고 기소당하기로 선택하셨다. 그분은 자신에게 권리가 있다는 사실을 결코 부인하지 않으셨다. 그분은 자신의 권위가 어디에서 나온 것인지 정확히 알고 계셨다. 그래서 예수님은 빌라도에게 이렇게 말씀하셨다.

예수가 대답했다. "위에서 받은 권한이 아니라면, 당신은 나를 어떻게 할 어떤 권한도 없습니다. 그러므로 당신에게 나를 넘겨준 사람은 당신보다 훨씬 더 큰 죄를 지은 것입니다" 요 19:11.

게다가, 그분은 우리에게 본을 보이셨다. 국가가 우리의 자유를 빼앗아 갈 수 있지만, 우리의 권리는 결코 빼앗아 갈 수 없음을 기억하라. 우리에게 권리와 책임을 주신 하나님에게 진정으로 감사드리고 가정 교육을 위해 우리의 일시적인 법적 자유를 누리자.

당신들은 부모들의 아동 착취를 멈추게 하려 한다는 이유로 우리를 비난하는가?
그것도 죄라면, 우리는 그 비난을 인정한다.
그러나 당신들은 우리가 가정 교육을 사회 교육으로 바꿀 때,
인간의 가장 고귀한 관계를 파괴한다고 주장할 것이다
… 공산주의자들은 교육에 대한 사회의 개입을 고안하지 않는다.
다만 그들은 개입의 성격을 바꿔
교육을 중산층 지배 계층(부모)의 영향에서 벗어나게 할 따름이다.

칼 마르크스(Karl Marx), 《공산주의 선언》(The Communist Manifesto)

인간은 사회적 동물이므로 무리 속에 있을 때만 행복하다.
그것이 가장 바보 같은 것인지, 가장 극악한 것인지가 그에게는 전부이다.
그가 무리를 전적으로 편하게 느끼고 그것이 무리에 대한 관점인 한,
오래도록 그는 그 무리에 합류할 수 있다.

쇠렌 키에르케고르(스피노자에게서 일부 개념을 빌려옴)

# 사회화(Socialization)
# 혹은 사회주의(Socialism)?

"우리 아이의 사회화에 대한 적절한 균형은 무엇일까?"라는 질문을 해 본 적이 있는가? 어떤 행동이 긍정적이고 어떤 행동이 부정적인지 결정할 기준이 있는가? 사회적 교류의 많고 적음을 판단하는 기준은 무엇인가? 균형은 어디에 있는가?

홈스쿨 가정에서 성장한 나는, 사회화의 주제에 관해 대부분의 '전문가들'과 조금 다르게 본다. 내가 어릴 때 우리 가정은 이웃의 다른 가정과 철저히 달랐다. 우리는 주변 사람들의 가치관과 전혀 다른 기준을 고수했다. 내 또래들은 모두 공립학교 - 또는 가끔씩 사립학교 - 에 다녔는데, 그들의 부모는 홈스쿨러인 우리가 '현실 세계'에서 살아남을 수 있겠냐며 염려했다. 학교가 제공하는 활동들을 빼앗겼다는 이유였다.

우리 사회에 스며든 흔한 신화가 있는데, 그것은 본질적으로 이렇게 말한다.

"아이들에게 제 또래의 다른 아이들과 어울리도록 많은 양의 비 구조적이고 비 통제적인 시간을 주지 않으면, 사회화가 적절히 이루어지지 않을 것이다."

이런 신념은 흔히 사실로, 종종 진리로 여겨질지라도 부정확하다. 또래 집단의 사회화는 좋은 도덕적 품성을 망가뜨린다.

여러분은 속지 마십시오. "나쁜 친구를 사귀면 올바른 행실을 더럽힌다"는 말은 사실입니다 고전 15:33.


## 사회화에 관한 현대 신념들은 대부분 어디서 유래되었는가?

사회적 발달에 관해 우리가 흔히 믿고 있는 것 중 대부분은 20세기 초반의 사회주의자와 심리학자들, 교육가들로부터 말미암았다. 공립학교 제도는 교육이 아니라 사회화가 주요 기능이라는 신념과 더불어 세워졌다. 사회주의자이자 심리학자이며 '진보 교육'(Progressive Education) 운동의 아버지로 잘 알려진 존 듀이(John Dewey)는 이렇게 말했다.

"'경험의 발달은 상호교류를 통해 나온다'라는 원리는 교육이 본질적으로 사회적 과정임을 의미한다. 이런 자질은 개인들이 집단을 형성하는 단계에서 깨닫게

*된다.*" 1)

　이 같은 신념은 또한 '목표 2000'(Goal 2000, 1989년 말 미국 빌 클린턴 정부에서 내놓은 교육 프로그램 - 역자 주)이나 '결과 중심 교육'(Outcome-Based Education, 고정된 교수 방식이나 평가 방식 없이 교육 체계 전반을 각 학생의 목표 달성에 맞춰 진행하자는 교육 이론 - 역자 주), '아동 낙오 방지법'(No Child Left Behind, 2002년 제정된 미국의 연방 교육법으로 교육과정에서 낙오하는 학생이 없도록 성취도 평가의 기준을 조정하고 그렇게 하지 않는 학교와 교사, 학생은 제재함 - 역자 주)의 취지였다.

　현대 교육은 지구촌 시민이 되는 것과 사회적 책임을 이해하는 데 주안점이 있다. 이 목표는 아주 잘 이루어지고 있다(즉, 아이들이 사회주의자가 되기 원하는 거라면). 오늘날의 아이들은 극단적으로 또래에 의존하며, 대중 여론의 흐름을 스스로 거스르지 못한다. 모든 공산주의 정부는 아이들에게 주입하는 것이 중요하다는 것을 알고, 아이들의 '집단' 의식에 특정 사상을 심기 위해 노력한다.
　또한 듀이는 교사들이 사회적 연대를 독려할 때, 그들의 통제권을 잃지 않도록 주의할 필요가 있다고도 말한다. 교사들이 아이들에게 '집단 중 한 명'이라는 것을 납득시키지 않는다면, 파벌에서 배제될 수도 있다.

# 공립학교에서의 사회화는 아이들에게 어떤 영향을 미치는가?

1996년 3월 24일 NBC 방송 프로그램인 '데이트라인'(Date-line)은 몇몇 십 대들에 관한 다큐멘터리를 방영했다. 그 아이들은 이웃을 위협하며 차로 돌진하는 자신들의 모습을 직접 비디오로 찍었다. 그들은 구슬을 총알처럼 장전한 사제 기관총을 들고 차 유리창에서 몸을 내밀어 구경꾼들에게 발사했다. 그 영상에는 소년들이 피해자들을 비웃고 저주하는 모습이 생생하게 담겨 있었다.

데이트라인은 체포된 십 대 중 한 명과 그 부모를 인터뷰했다. 아이의 부모는 맞벌이였고 - 아버지는 2교대로 일하고 있었다 - 아들과 소통할 시간이 거의 없다고 설명했다. 그들은 대부분 시간에 아들이 어디서 무엇을 하고 있는지 모른다고 인정했다.

기자는 아이들의 학교 친구들도 인터뷰했는데, 하나같이 또래 압력이 범행의 주요 동기라고 말했다.

범행을 촬영한 비디오카메라의 주인인 아이는 경찰에 의해 구금당했고, 자신이 찍은 영상을 볼 수 없었다. 사건이 일어난 지 몇 주 후에, 재판을 기다리던 그는 NBC와의 2차 인터뷰 때에야 자신이 촬영한 영상을 볼 수 있었다.

아이는 눈물을 흘리며 그것을 보았고 후회로 가득한 목소리로 이렇게 말했다.

"저게 나라니 도저히 믿을 수 없어요."

당시 그가 차를 운전하고 있었기 때문에, 왜 친구들의 행동을 막지 않았느냐고 묻자 그는 이렇게 말했다.

"그들 모두 그것을 원했어요. 그 애들한테 안 된다고 말할 수 없었어요."

"왜 그 애들한테 대항할 수 없었니?"

기자가 물었다. 크게 흥분한 그 아이는 여기자의 눈을 똑바로 보며 이렇게 물었다.

"기자 누나는 받아들여지고 싶은 적이 없었나요?"

또래 집단의 사회화가 한 젊은이가 내리는 결정에 엄청난 영향을 미친다는 것은, 성경뿐 아니라 독립적인 연구 단체에 의해서도 잘 기록되어 있다.

## 또래 집단 사회화가 왜 이토록 해로운가?

이 문제의 뿌리는 인간 본성과 연결되어 있다는 점을 우선 알아야 한다. 우리 각자에게는 죄성, 즉 하지 말아야 할 것을 하려는 경향이 있다. 내버려 두면, 우리는 하나님 뜻에 복종하기보다 불순종하는 쪽으로 자연히 끌리게 될 것이다.

실로, 나는 죄 중에 태어났고, 어머니의 태 속에 있을 때부터 죄인이었습니다 시 51:5.

아이의 마음에는 미련한 것이 얽혀 있으나 잠 22:15 중에서.

"만물보다 더 거짓되고 아주 썩은 것은 사람의 마음이니, 누가 그 속을 알 수 있습니까?" 렘 17:9.

유아가 짜증 내고 자기 발을 찍으면서 싫다고 말하는 것을 본 적 있는가? 유아가 형제자매의 장난감을 뺏으면서 자기 거라고 주장하는 것을 본 적 있는가? 누가 아이들에게 그런 것을 가르치는가? 당신이 자리를 펴고 앉아서 이기적이고 반항적인 태도와 행동을 체계적으로 가르치는가? 그렇지 않다면, 이것은 어디에서 나오는가?

사실 그런 것은 가르칠 필요가 없다. 이미 우리 안에 프로그램되어 있기 때문이다. 죄성은 설치 완료된 상태다. 그러므로 부모의 할 일은 우리를 죄 된 욕망에서 건져낼 유일한 분에게 이끌어주는 것이다.

자연스럽게 부정적인 쪽으로 끌리게 되어 있는 아이를 데려다가 동일한 경향을 가진 다른 아이들 집단에 두면, 그들은 서로를 강화한다.

혼자 싸우면 지지만, 둘이 힘을 합하면 적에게 맞설 수 있다. 세 겹 줄은 쉽게 끊어지지 않는다 전 4:12.

거친 개 무리에게서 볼 수 있는 다수심리(Pack Mentality)는 인간들에게서도 나타날 수 있다. 혼자라면 결코 시도하지 않을 것도 군중에 섞여 있으면 갑자기 탐욕스러운 도전으로 탈바꿈한다.

## 어린이들은 왜 또래 집단에 저항할 수 없는가?

우리는 모두 특별한 목적을 위해 하나님 형상대로 지음 받았기 때문에 인간의 가치를 지니고 있다. 그런데 우리 안에는 사람들에게 받아들여지고 싶은 갈망이 있다. 우리는 사람들이 우리를 좋아해 주기 원한다. 우리는 다른 사람과 조화를 이루고 사랑받고 싶다. 우리는 종종 하나님이 우리를 사랑하시고 우리 삶을 위해 놀라운 계획을 갖고 계신다는 사실이 아니라, 사람들이 우리를 좋아하도록 설득하는 능력에 근거해서 인간의 가치를 판단한다.

자녀들의 가치 의식은 그들 삶에서 가장 중요한 사람이 그들을 어떻게 생각하는지에 따라 결정된다. 자녀를 학교에 보내면, 그 또래들이 종종 그들 삶에서 가장 중요한 사람이 되기도 한다. 또래 집단은 대안 가족이 된다. 당신 아이에 대한 그 집단의 의견은 삶과 죽음을 가를 수도 있다. 그래서 또래 압력은 아주 위험하다. 다른 아이와 잘 맞고 받아들여지는 것이야말로 필수다.

하나님이 삶에서 가장 중요한 분이라면, 가치에 관한 우리의 인식은 하나님이 우리를 어떻게 생각하시는가에 따라 결정될 것이다. 우리는 그분이 우리를 사랑하신다는 것을 안다. 우리 삶의 토대는 바로 그 전제 위에 세워져 있다. 아이의 삶에서 가장 중요한 영향을 미치는 사람은 부모여야 한다. 부모에게 사랑과 인정을 받고 있다는 것을 안다면, 아이들은 자신이 가치 있는 존재라는 것을 이해하며 중요성의 느낌을 유지하기 위해 부모를 기쁘게 하려고 애쓸 것이다.

또래 집단이 아이의 삶에서 가장 중요한, 영향력 있는 요소가 될 때 문제가 일어난다. 또래 의존적인 아이는 집단의 인정을 갈망한다. 그리고 그 인정은 집단의 의견에 따를 때 나온다는 것을 알게 된다. 그 집단이 성경 공부를 괜찮게 생각한다면, 아이는 집단의 일원이 되기 위해 날마다 - 최소한 시늉이라도 - 성경을 읽을 것이다. 그러나 그 집단이 술 취하고 약물을 복용하는 것을 괜찮게 생각한다면, 그들과 어울릴 것이다. 또래 집단에서, 리더십을 쥔 자들의 의견에 도전하면 인정받을 수 없게 된다.

그러므로, 부모가 아이들의 삶에 강력한 영향력을 갖는 것이 가장 중요하다. 또래 집단은 허용된 만큼의 영향력만 가질 수 있다. 집단의 의견이 아이에게 중요해지는 유일한 원인은, 부모가 방치 또는 무시를 통해 시간을 내어줄 경우이다. 관계를 세우는 데는 시간이 필요하다.

모르는 사람이 갑자기 나타나서 "너는 바보 같아"라고 한다면, 화가 날 수 있다. 하지만 그 말을 무시하거나 개인적으로 받아들이지 않을 수도 있다. 어찌 됐든, 그 사람은 당신에 관해 터럭만큼도 모르고, 당신은 그 사람과 아무 관계도 아니기 때문이다. 한편, 배우자와 부모, 가까운 친구가 계속해서 기를 죽이고 바보 같다고 하면, 당신은 감정적으로 훨씬 커다란 영향을 받을 것이다. 당신은 그 사람이 당신을 좋아하게 하려고 자기 힘으로 무엇이든 하려고 할 것이다.

전혀 모르는 낯선 사람과 사랑받는 소중한 사람의 차이는 무엇인가? 시간이다. 관계성은 시간을 통해서만 깊어지고, 성장하며, 본질적으로 소중하게 된다. 낯선 사람과의 관계성은 아무 의미가 없다. 그러나 당신이 알고 사랑하고 존경하게 된 사람과의 관계성은 충만하고 풍성한 의미가 있다.

## 기독교 학교의 사회화

사회화는 기독교 학교 운동과 더불어 내가 중요하게 다루는 문제다. 기독교 고전 학교 운동에 깊이 관여하는 한 사람과 이야기를 나눈 적이 있다. 그에 따르면, 일반 기독교 학교 운동을 그토록 많은 젊은이가 거쳐갔는데도 여전히 그들이 교회를 떠나는 주된 이유는, 그들에게 '개혁적이고 좋은 커리큘럼이 없기' 때문이었다. 그는 '부실한' 커리큘럼이 낳은 문제들을 피할 새로운 형태의 기독교 학교를 세우고 싶다고 했다.

난 그에게 - 역사적으로 말해서 - 좋은 커리큘럼은 교실 붕괴를 늦출 뿐이라는 점을 상기시켜주려고 애썼다. 완벽한 커리큘럼을 갖추면, 또 한 번의 20년을 얻을 수 있을지 모른다. 그러나 우리가 미련한 '그리스도 인'에 관해 이야기하고 있을지라도, '미련한 자와 사귀면 해를 받는다' 잠 13:20.

필립스 목사는 이렇게 말했다.

*"가정 교육을 크게 남용하는 한 가지는 가정 문화를 대신하여 기숙 학교를 쓰는 것, 즉 부모의 깊은 신앙심의 영향 아래 훈련받고 살아야 할 나이에 아이들을 기숙 학교에 보내는 것이다. … 이런 과정은 부모들이 단지 세상의 유용성과 방식을 좇아 아이들을 교육할 때, 그들 영혼의 건강을 중요하게 생각하지 않을 때, 그리고 육신의 이점에만 눈을 돌릴 때 흔히 일어난다."* 2)

이 진술로 비난받지 않을 사람들을 공격하고 싶지 않지만, 기독교 학교 운동의 상당 부분이 부모가 자녀를 보호하고 훈계하고 단련해야 할 책임을 포기하는 또 다른 방편이 되고 있다는 점은 반드시 짚고 넘어가야 한다. '사회화'의 외침은 부모 편에서 홈스쿨에 꼭 필요한 시간을 들이고 싶지 않은 마음을 숨기려는 시도일 뿐인 경우가 종종 있다.

# 답은 무엇인가?

신시내티 주 자비에 대학(Xavier University)의 심리학자 마이클 넬슨(Michael Nelson)은 이렇게 말한다. 3)

*"반사회적 행동을 강화하는 집단에서 비행 소년들을 분리해야 한다."*

전문 심리학자들은 이 이슈에 관해 혼동하고 있는 것 같다. 그들은 한편으로는 아이들을 또래 집단에서 분리해야 한다고 말하고, 다른 한편으로는, 그렇게 하면 아이들이 사회와 관계 맺는 법을 전혀 모르는 사회 부적응자가 될 거라고 말한다.

우리는 어떻게 해야 할까? 아이들을 다락방에 가두고 가족 이외의 사람들을 만나지 못하게 해야 할까? 아이들에게 사회적 상호 교류가 필요하지 않을까?

나는 홈스쿨 가정이 사회적 균형을 찾을 수 있다고 확신한다. 우리에겐 올바른 결정을 내릴 도구가 필요하다. 다음의 기준을 살펴보고 당신 자녀의 사회화에 관한 하나님의 뜻을 찾으라고 권하고 싶다. 미국 문화에서는, 아이들이 사회적으로 발달이 미숙한 것보다 지나치게 사회화되는 것이 더 큰 위험에 직면하는 계기가 된다고 말하고 싶다.

불화 때문에 수많은 가정이 흩어지고 있다. 시간을 드려 하나님을 기쁘게 해드리고 있음을 확실히 하기 위한 적절한 조치가 취해지지 않고 있다. 모든 사람이 다른 방향으로 달려가고 있다. 우리에겐 예정된 활동을 하기 위해 문을 박차고 나갈 때 인사할 시간조차 없다. 우리 가족이 어디에 있는지도 모른다. 더 솔직하게 말하면, 우리는 자기 문제에 너무 빠져서 다른 가족은 신경도 안 쓴다. 이것이 바로 현대 미국 사회의 모습이다.

당신의 시간을 하나님께 굴복시키고, 그분이 당신의 사회화 활동을 조직하시도록 맡기면 불편할 게 분명하다. 하지만 대신에 게으른 일에 할당하는 시간은 줄어들고 관계적 조화와 사역을 위한 시간이 더 늘어날 것이다. 다음 내용은 우리 가정이 지키려고 애쓰고 있는 방식이다. 물론 쉽지 않고, 우리가 참여하고 있는 활동을 제한하는 경우도 있다. 그러나 그것을 통해 우리는 하나님 뜻에 훨씬 가까워졌고, 가정 사역의 문도 열 수 있었다. 다음에 나오는 사회화 활동을 살펴보라.

**가정 친화적 활동** - 가정을 더욱 견고하게 세워줄 활동을 선택하라. 모든 사람이 참여할 활동을 찾아보라.

**영성 친화적 활동** - 하나님과의 관계를 돈독하게 하는 활동을 찾아보라. 믿음을 해체하거나 손상할 활동은 피하라.

**교육 친화적 활동** - 가정 교육을 보충해줄 것을 골라라. 학습 경험을 제대로 수행하라(부모는 아이들이 앞으로 접하게 될 것들을 잘 배우기 원한다는 것을 분명히 표현하라).

**관계 친화적 활동** - 긍정적 사회화는 사람들이 서로에게 배우고 생각을 나눌 환경을 제공한다. 피상적 관계가 아닌 친밀한 우정을 발전시켜라.


## 부정적 사회화


**1.**

열다섯 살 조니는 친구들과 영화를 보고 싶어 한다. 그들은 영화관에 도착해서 볼 영화를 고를 것이다. 부모인 당신은 어떻게 해야 할까? 위에 제시한 기준에 맞춰 평가해 보자.


a. 이것은 가정 친화적 활동인가? 가정의 하나 됨을 더욱 공고하게 해줄 활동인가? 그것은 또래 집단을 더욱 공고하게 한다. 그리고 이 활동으로 조니는 가정의 다른 식구들로부터 더 독립적이 될 것이다.


b. 이것은 영성 친화적 활동인가? 현대 영화는 기독교 가치관과 원리를 거의 나타내지 않는다. 그리고 부모가 그 자리에 있지 않기 때문에, 부모 자식 간에 대화 나눌 기회가 사라진다.


c. 이것은 교육 친화적 활동인가? 어떤 영화를 보느냐에 달려 있다. 2차 세계대전에 관한 영화나 대중적인 정치 영화를 보려 한다면, 그 가운데

교육적 가치를 지닌 요소가 있을 수 있다. 그러나 대부분의 영화는 역사적 정확성과 크게 동떨어져 있고 난잡한 성생활과 폭력, 신성 모독을 미화한다.

    d. 이것은 관계 친화적 활동인가? 우리는 서로에게 사랑과 선행을 격려해야 한다 히 10:24. 이 외출을 통해 조니는 다른 경건한 젊은이들과의 친밀한 개인적 관계를 발달시킬 수 있을까? 설령 그의 친구들이 '인정받을 만한' 아이들이라 해도, 영화는 전적으로 수동적인 오락 형태이다. 그리고 부모와의 상호 교제가 줄어들면 부정적 결과에 이를 수 있다.

    당신에게 실제 시나리오를 보여주겠다. 십 대 초반이었을 때, 나는 교회 친구들과 '청소년 관람가' 영화를 보러 갔다. 부모들이 동행하지 않았기 때문에, 영화관에 도착하자 '청소년 관람 불가'인 영화를 보겠다는 아이들이 있었다. '가족 영화'를 보던 우리는 영화 상영시간 내내 어른들이 다른 애들을 발견하게 되면 어쩌나 걱정하고 있었다. 그렇게 되면 모두 곤란하게 될 것이었다. 우리는 수동적으로 영화 스크린을 쳐다보았고, 그날 저녁 집으로 돌아오는 길에는 긴장감마저 감돌았다.

    부모들은 그 사실을 전혀 몰랐다. 다음 주일 예배를 마친 후, 나는 남을 잘 속이는 아이 중 한 명의 엄마가 다른 여자에게 자랑하는 소리를 들었다.

    "우리는 데이트하러 외출하는 딸을 믿을 수 있어요. 십 대 자식을 믿지 않는 부모는 지나치게 규칙 타령만 하는 사람들이에요!"

나는 이런 생각이 드는 걸 금할 수 없었다.

"부인, 당신 딸이 밖에서 무슨 짓을 하고 다니는지 안다면…."

## 2.

외박은 소녀들에게 인기 있는 사회화 활동처럼 보인다. 나는 왜 그런지 잘 모르겠다. 그러나 두 명 이상의 소녀가 친구가 되면, 그들은 "우리 집에 와서 잘래?"라고 서로 속삭일 것이다. 외박은 부모가 사실상 통제할 수 없기 때문에 위험할 수 있다. 그들이 모여서 무슨 비디오를 보는지, 무슨 행동을 하는지, 친구 집에 누가 있는지 등등. 특히 당신 가정과 가치관이 완전 딴판인 집에서 자는 거라면, 소녀는 감당하기 어려운 상황에 직면할 수 있다.

큰누나가 (여자)친구로부터 자기네 집에서 밤을 보내자는 초대를 받았다. 그 친구는 양쪽 엄마들 앞에서 큰누나를 초대하는 '어색한' 상황을 연출했다.

"괜찮죠? 제발 허락해 주세요, 제발요!"

양쪽 집의 관계를 위해 그 제안은 수용되었다(그 일이 지금 일어났다면, 그 애는 모든 사람 앞에서 물어보는 것 - 칭얼대는 것 - 을 거절당했을 것이다. 우리는 여전히 배우고 있다!). 어쨌든, 큰누나는 친구 집에 도착했고, 친구 엄마가 몇 시간 동안 집을 비울 거라고 말할 때까지는 모든 것이 순조로운 것 같았다. 엄마가 집을 떠나자마자, 열세 살 누나 친구는 남자 친구들에게 전화를 걸어 - 친구 엄마가 남자애들에게 전화하면 안 된다고 했었지만 - 당장 놀러 오라고 했다.

큰누나는 마음이 몹시 불편했지만, 그 친구는 이성에 귀 기울이려 하지 않았다. 친구 집에 들이닥친 남자아이들은 당구를 치고 TV를 봤고, 그들이 떠난 지 얼마 안 되어 친구 엄마가 돌아왔다.

실제로 해로운 일을 하지는 않았다. 다만 큰누나는 피할 수 있었을 아주 어색한 입장이 되었다. 처음에, 그녀는 외박하면 재미있을 거라고 생각했다. 그러나 친구가 엄마 없을 때 한 일을 말하지 말라고 협박했을 때 완전히 생각이 달라졌다. 본질적으로, 그 경험은 가정 친화적이지도, 영성 친화적이지도, 교육 친화적이지도 않았고, 심지어 관계 친화적이지도 않았다. 진리와 정직에 근거한 경건한 우정을 세우지 않았기 때문이다.

**3.**

경쟁이 치열한 스포츠와 가라테는 보통 불신자들이 조직하고 이끌어간다. 과도하게 공격적이고 폭력적인 행동을 독려할 때도 있다. 리틀 리그 야구 코치는 우리한테 무슨 수를 써서라도 이기라고 가르쳤다. 그는 투수에게 타자의 몸에 볼을 맞히라고 했고, 더블 플레이를 무산시키기 위해 2루수를 어떻게 불러내야 하는지 보여주었다. 또한 그는 내가 포수를 들이받지 않자 이렇게 말했다.

"걔가 다치면 그건 걔 문제야!"

나는 우리 코치 같이 행동했다면 간담이 서늘해졌을 코치들을 많이 알고 있다. 그러나 그 일이 정말 일어난다. 게임에 질 때마다 우리는 새로운 어휘들을 배웠다. 그래서 그것은 교육적 측면에서 장점이 있을지 모른다고 생각한다!

내가 지금껏 배운 유일한 가라테는 이웃집 아이들을 통해서였는데, 그 애들은 초록 띠를 보여주며 내 배를 차곤 했다. 나는 가라테를 관심 없는 활동으로 결론지었다. 그것과 관련해서 염려되는 면은 가라테에 동양 종교가 구현되어 있다는 점이다.

어떤 경우에는 활동 자체가 아니라 그 활동을 둘러싼 사회적 영향력이 부정적일 때가 있다. 야구 자체에는 전혀 부정적인 면이 없다. 그러나 부모들은 아이들이 접하는 환경을 모른 채 연습장에 그들을 그냥 떨궈놓지 말아야 한다.

부정적인 활동들을 계속 이야기할 수 있지만, 이미 핵심을 파악했을 거라 생각한다. 이 이야기의 주요 의제는 해야 할 것과 하지 말아야 할 것의 법적 목록을 전개하는 것이 아니라, 가정이 사회화 영역에서 하나님의 최선을 추구하도록 도전하는 것이다. 앞에서 언급한 기준은 다만 성령의 다스림에 기꺼이 복종함으로 놀라운 결과를 가져올 것이다. 성령님을 떠나 급진적 사회 개혁을 이행하게 되면 재앙을 초래할 것이다. 아이들은 그것을 몹시 싫어할 것이며 부모들은 기진맥진할 것이다. 진지한 기도와 하나님 뜻에 주저함 없이 굴복하는 것만이 이번 장에서 개괄한 제안들을 성공적으로 수행하게 해줄 것이다.

## 긍정적 사회화

**1.**

때때로 우리는 다른 가정을 집에 초대한다. 우리는 아이들이 어른들의 대화를 조용히 들을 수 있게 해준다. 어렸을 때 나는 지혜로운 어른들의 대화에 귀 기울임으로써 역사, 타문화, 정부, 종교 등에 관해 배웠다. 또한 이렇게 하면 아이들이 말썽부리지 않는다. 부모가 지켜 보고 있기 때문이다.

**2.**

아픈 엄마를 위해 집을 청소하는 것, 이사를 돕는 것, 이웃 사람들에게 베푸는 파티나 다른 특별 행사에 참여하는 것은 중요한 사회화를 제공할 뿐만 아니라, 사람들을 하나로 묶어준다. 평범한 목표를 위해 조금씩 일하다 보면, 평범한 목적을 가진 다른 사람들과 관계 맺게 되고 엄청난 사회화 감각이 생긴다. 협력은 우정을 개간하기에 좋은 토양이다.

**3.**

지역 요양원에서 노래하거나 봉사하는 것은 고립된 홈스쿨러들이 '현실 세계'를 접하고, 공립학교 환경에서 전혀 만난 적 없는 노인들을 만날 좋은 방법이다.

**4.**

박물관이나 역사 유적지로 가족 견학을 떠나는 것도 좋다.


**5.**

홈스쿨 후원 그룹 모임을 통해 부모들은 교제를 나누고, 재미있고 여유 있는 환경에서 서로 배울 방법을 찾을 수 있다. 그러나 부정적 측면에서, 그 모임은 험담과 불만으로 가득 채워질 수도 있다. 당신 가정의 평화를 위해 후원 그룹 모임의 영향을 찬찬히 평가해 보라.


**신화(Mtyh)** 내가 아이들을 부정적 영향으로부터 보호한다면, 그들은 문제가 생겼을 때 대처하는 법을 모를 것이다.

여기에서 말하는 '보호'(Sheltering)는 잘못된 결정의 결과로부터 아이를 지켜주는 것을 의미하는 게 아니다. 부모의 통제 아래 그 아이가 불필요한 해를 당하지 않을 상황을 말하는 것이다. 하나님은 모든 부모의 마음에 자녀를 보호하려는 자연스러운 갈망과 의무감을 부어주셨다. 아이들에게 안전한 천국을 제공해 주지 않는 것은, 하나님이 정하신 모든 것을 거스르는 것이다.


어렸을 때 여동생은 개를 끔찍이 무서워했다. 다른 사람 집에 갔는데 개가 골목 주변에서 달려 나오면, 여동생은 곧바로 붙잡아 주길 바랐다. 세상의 철학은 이런 식으로 말할 것이다.

"미안하지만, 어려운 상황에 부딪힐 때 너를 보호하기 위해 내가 언제나 여기에 있지는 않을 거야. 너는 언젠가 현실 세계를 직면해야 할 거야."

그러나, 일단 보호하는 팔에 안전하게 들어 올려진 자신을 발견했을 때, 내 동생은 더 높은 유리한 지점에서 이 잠재적 위협을 볼 수 있었고, 다음에 우연히 그 개와 부딪힐 때 그녀에게 큰 도움이 될 다른 관점을 효과적으로 발전시킬 수 있었다.

당신 아이가 거리에서 트럭 앞을 걸어가고 있는데, 이런 식으로 말하지 않을 것이다.

"나도 널 돕고 싶어, 그런데 이웃 사람들이 내가 자식을 과보호한다고 생각하는 것은 원치 않아."

코앞에 닥친 위험으로부터 아이를 낚아채는 것은 명백한 본능이다. 또래 집단, 대중문화 그리고 현대 철학이 하나님이 당신 아이들에게 주신 잠재력을 파괴하려고 위협하면서 그들을 끌어당길 때, 그리스도인 부모들은 예수 이름으로 일어나 이렇게 선포해야 한다.

"넌 우리 아이를 가질 수 없어! 하나님이 이 생명을 내 손에 맡기셨으니 우리 아이가 하나님 나라에 들어갈 수 있게, 할 수 있는 건 뭐든 다 할 거야."

아이들을 부정적 영향에서 과감하게 보호함으로써, 당신은 그의 삶에서 하나님의 성품이 자라나도록 도울 것이다. 그는 자기 삶을 세울 견고한 토대를 갖게 되며, 언젠가 당신이 곁에 없을 때 힘든 상황에 부딪혀도 부모에게 훈련받은 것을 떠나지 않을 것이다.

주의 괴수로서, 나는 여러분이 고귀한 부름대로 살기를 바랍니다

엡 4:1

# CHAPTER 9

# 가정 사역 개발하기

이제 좀 솔직해지자. 우리에겐 홈스쿨과 사회 권력 핵심 그룹, 그리고 그 외의 것에 너무 몰입해서 주변 사람들의 필요를 잊어버릴 가능성이 다분하다. 홈스쿨은 단지 우리 유익을 위한 것, 즉 우리를 살찌우고 축복을 얻으려고 하는 것이 아니다. 하나님이 우리에게 소중한 것을 주셨을 때, 그것은 보통 '다른 사람에게 전달하는 복'이라는 의미가 있다.

진실을 마주하자면, 미국인들은 인류 역사상 다른 어떤 문명보다 욕구를 만족시켜왔다. 미국인들은 복을 받았다. 들어보라. 이로 인해 미국인들은 더할 나위 없는 방식으로 다른 사람을 축복할 자격증을 얻은 셈이다!

많이 받은 이는 기대도 많이 받고, 더 많이 맡을수록 사람들은 그에게 더 많이 기대한다 눅12:48 중에서.

그리스도인 홈스쿨러인 우리는 대부분 생활하기 충분한 물질의 복을 받았을 뿐 아니라, 압박받는 자와 궁핍에 처한 자들에게 손 내밀라는 성경의 분명한 가르침도 받았다.

하나님 아버지께서 보시기에 순전하고 참된 신앙은 어려움에 처한 고아와 과부를 돌보고 자신을 지켜 세속에 물들지 않는 것입니다 약1:27.

때때로, 우리는 더럽고 냄새나고 죄지은 사람들의 손이 닿는 것을 거절함으로써, '정결함'에 관한 반성경적 관점을 취하기도 한다. 자신들은 깨끗하다고 생각하고 다른 사회 계층 사람들을 피했던 예수님 당시의 종교 지도자들처럼 되지 말자.

궁핍에 처한다는 게 어떤 심정인지 알기에 나는 이 문제에 관해 다소 민감한 편이다. 나는 무일푼이 되어 사람들의 도움을 받은 경험이 있다. 궁핍의 경험은 쉽게 잊히지 않는다. 아니, 잊을 수 없다. 궁핍은 우리를 아주 겸허하게 하며, 하나님을 전적으로 의지하게 한다. 그것은 내 안에 다른 사람들, 즉 궁핍해서 도움이 필요할지 모르는 사람들을 돕고 싶은 갈망을 주었다. 우리 주변에 온통 필요들이 널려 있다. 사실, 우리 중 어떤 사람들은 도와주기 싫어서 주변을 빙 둘러서 갈지 모른다. 우리는 관여해야 한다는 것을 알고 있다. 그러나 어떻게 관여할 것인가?

## 사역 - 무작위의 친절한 행위가 아니다

선한 일을 할 기회를 기다리면서 앉아만 있다면, 그리스도 복음의 핵심에 정말로 주의를 기울이지 않는 것이다. 우리는 주님이 어디서 일하시는지 알고 그분의 사역에 함께하기를 구해야 한다. 너무나 자주, 난 내가 하고 싶은 것과 그 과정을 정하고 난 뒤에 하나님에게 그 일에 복을 달라고 구한다. 그런 접근은 성령님의 인도를 대체한다. 기도하고, 금식하고, 듣고, 구하고, 두드리고 찾거나 그 외 힘든 일을 할 필요가 없다. 그냥 앞만 보고 달려가고 하나님이 따라 붙어주길 희망한다. 이것은 나쁜 생각이다!

하나님은 나의 명분이나 내 상상의 나라에 관심 없으시다. 그분은 "주님 나라가 임하옵시며, 뜻이 하늘에서 이루어진 것 같이 땅에서도 (내 마음과 삶에서도) 이루어지이다"라고 기도하기 원하신다. 무일푼으로 거리에서 구걸하는 이웃처럼 명백한 필요가 보일 때, 도움을 베풀어야 한다. 선한 사마리아인은 섬길 자리를 갖고 있다. 그러나 우리 가정이 영구한 능력으로 섬길 자리를 찾는 것이 실제로 필요하다.

우리 문화에서는 커다란 틈새가 벌어져 있다. 우리가 자기 일을 돌보거나 우리 조건에 따라 우리 방식대로 하나님을 섬기느라 너무 분주해서, 그 틈새들은 메꿔지지 않은 채 남아 있다. 우리는 밤마다 계속 지켜보면서 같은 장소에 붙어 있기를 원하지 않는다. 그것은 지루하다. 우리는 오히려 갑자기 나타날지 모르는 사역의 기회를 찾아 밖으로 나가려고 한다. 하나님이 이 세대를 향하여 이렇게 말씀하고 계시는 것은 아닌지 궁금하다.

나는 그들 가운데서 한 사람이라도 이 땅을 지키려고 성벽을 쌓고, 무너진 성벽의 틈에 서서, 내가 이 땅을 멸망시키지 못하게 막는 사람이 있는가 찾아 보았으나, 나는 찾지 못하였다 겔 22:30.

하나님은 시간 날 때만 일하는 자원봉사자가 아니라 전임으로 일할 사람을 찾으신다. 나는 지금 아버지들이 직장을 그만두고 아내들이 엄마의 자리를 떠나야 한다고 말하는 것이 아니다. 결혼한 남성의 우선순위는 가정을 돌보는 것이다.

자기 친족, 특히 자기 집에 사는 이들을 돌보지 않는 사람은 자신이 고백하는 신앙을 부인하는 것이라는 점을 분명히 밝혀라. 그는 신앙을 고백하지 않는 이보다도 더 나쁜 자이다 딤전 5:8.

하나님은 그분의 역사에 물질적 보탬이 되도록 우리에게 돈을 많이 벌게 하실 수 있다. 또한 우리 가정뿐 아니라 궁핍한 사람들도 재정적으로 지원하는 사역을 하게 하실 수 있다.

## 가정 사역의 힘

하나님이 당신을 위해 예비하신 사역의 자리를 찾아 가족과 함께 그것을 채우라. 우리는 가족이 함께 일할 때 나타나는 영향을 과소평가하곤 한다. 연령별 모임을 하는 교회에 있다 보니, 우리는 다른 세대와 함께 일할 수 없다고 생각하게 되었다.

"왜요? 또래들과 함께 있을 때 사회화가 잘 된다는 걸 아시잖아요."

여 전도회, 남 선교회, 청소년부, 아동부, 독신자 부, 장년부 등등…. 우리는 그리스도가 진정으로 의도하신 바를 전혀 이해하지 못하고 있다.

가족 기반 사역에 관한 하나님 계획의 일부는, 하나님이 부모뿐 아니라 자신들도 사용하신다는 것을 아이들이 깨닫는 거라고 생각한다. 젊었을 때, 나는 시간이 날 때마다 우리 가족의 사업장에서 일했고, 그 외 다양한 방법으로 돕곤 했다. 때때로, 우리는 노동으로 얻을 수 있는 영적 수확을 볼 수 있었다. 나는 - 씨 뿌리는 일을 직접 해봤기 때문에 - 하나님이 어릴지라도 나를 사용하실 수 있다는 것을 알게 되었다.

궁극적 목적은 아이들이 스스로 부모의 하나님을 받아들이는 것이다. 프랭클린 그레이엄(Franklin Graham, 빌리 그레이엄 목사의 아들 - 역자 주) 같은 이들은 어렸을 때 하나님이 자신의 아버지를 통해 기적을 행하시고, 아버지가 온 세상을 다니며 복음 전하는 것을 지켜보며 무엇을 느꼈을까? 그러나, 그분은 그의 아버지의 하나님이셨다.

야곱은 죽어가는 아버지 이삭에게 이렇게 말했다.

"아버지께서 섬기시는 주 하나님이, 일이 잘 되게 저를 도와 주셨습니다" 창 27:20 중에서.

빌리 그레이엄 목사를 깎아내리거나 비난하려는 것이 아니다. 나에겐 그만큼 경건하고 충실한 하나님의 사람을 판단할 자격이 없다. 그러나 프랭클린은 자신의 책 ≪Revel With A Cause≫(이유 있는 잔치)에서, 성인이 되어 국제구호단체 '사마리탄즈 퍼스'(Samaritan's Purse)에서 사역하며 하나님이 자신을 통해 일하시는 것을 보았다고 밝혔다.

우리는 왜 지금 여기에서 아이들에게 실제 사역을 제공하지 않을까? 그들은 주님을 섬기기 위해 어른이 되기를 기다릴 필요가 없다. 그들은 부모와 함께 사역할 수 있고 일하시는 하나님을 볼 수 있다. 그렇게 하면 아이들은 주님에게 더 가까이 나아갈 수 있고, 가족도 더 가까워질 수 있다. 당신에게 도전하고 싶은 두 가지 형태의 사역이 있다. 필요가 있는 곳, 예수님이 일하시는 곳을 찾아 자신을 쓸모 있게 드려라.

최고의 포스트모더니즘 변증학은 '잘 사는' 삶이다. 우리 시대 비평가들의 진정한 문제는 복음에 관한 지적 문제가 아니라 마음의 문제다. 그들 마음에 자율적 인간은 예수 그리스도의 주되심에 굴복하기 싫어한다.

그들은 반항하는 마음을 갖고 있다. 믿는 자들이 말과 행동으로 예수님을 본받는 모습이 있어야 21세기에도 불신자들을 변화시킬 수 있다.

조용히 서로 사랑하고, 조용히 하나님을 사랑하고, 조용히 경건한 삶을 사는 가족들이야말로 어떤 복음 전도의 도구보다 사람들에게 훨씬 더 많은 것을 말해줄 것이다.


## 잃어버린 자들을 향한 사역

우리에게는 불신자를 가르쳐서 제자 삼을 의무가 있다 마 28:18-20. 어떻게 그렇게 할 수 있을까?

그런데 내 주변에는 비그리스도인이 많지 않다. 내 친구들은 대부분 그리스도인이고, 홈스쿨 단체에서 함께 일하는 사람들도 대부분 그리스도인이다. 나처럼 주변의 모든 사람이 이미 주님을 섬기고 있다면 전도하는 게 어려울 수 있다. 여기 몇 가지 제안이 있다.

믿지 않는 유대인들에게 우편 사역을 펼치고 있는 어느 홈스쿨 가정으로부터 비디오테이프를 받은 적이 있다. 그들은 다양한 수단을 통해 복음을 전할 대상자들의 명단을 구한 뒤, 예수가 메시아라는 증거를 보여주는 종교적 문학 작품을 보낸다. 그들은 주님이 재정을 허락하실 때마다 우편물을 보내는데, 이때 아이들도 발송 작업에 참여한다. 아이들은 주소 라벨과 우표를 붙이고 전화 받는 일로 돕는다. 가족으로서 함께 일하고 각각의 우편물을 놓고 기도하면서, 아이들은 사역에 동참하고 하나님이 일하시는 것을 기다린다.

당신의 소명이 주변 외국인들에게 복음을 전하고, 성경으로 영어를 가르치는 일일 수도 있다. 무슬림 국가에 가볼 기회가 전혀 없어도 상관없다. 하나님이 무슬림들을 우리에게 데려오실 테니 말이다.

선교단체나 기독교 기관을 통해 온 가족이 지구촌의 궁핍한 아이들을 후원하는 것도 좋다. 이런 경험을 통해 아이들은 세상의 다른 지역에 사는 아이들의 삶을 보거나, 편지나 다른 나라에 관한 학습을 통해 현실 세계에 관한 지식을 얻을 수 있다. 아이들이 궁핍한 외국인 친구들을 후원하기 위해 돈을 모을 수도 있을 것이다. 다른 사람에게 바보같이 보일 수 있겠지만, 이런 식의 선교는 한 아이의 삶 가운데 엄청난 차이를 만들어 낼 수 있다. 이것은 육체적 필요를 채울 뿐 아니라, 기독교 교육을 통해 그들에게 예수님을 소개하기도 한다.

많은 가정이 실천할 수 있는 또 하나의 방법은 가족 단위로 단기 선교 여행을 가는 것이다. 내 친구인 닐(Neil)과 메리(Mary) 가정은 빌 가써드 (Bill Gothard, 미국의 복음주의 강사이자 성경적 진리로 살아가도록 청년들을 훈련하는 기관 'Institute in Basic Life Principles'의 설립자 - 역자 주)의 ATI (Advanced Training Institute) 프로그램의 일환으로 러시아에 갔다. 그들 가족은 그곳에서 지내며 보육원 아이들을 돌봐주었다.

자녀들이 함께하는 것 덕분에 유익한 점도 있었다. 보육원 아이들은 닐과 메리 가족을 통해 경건한 가정의 모습을 볼 수 있었다. 누군가 그들에게 사랑으로 다가와 준 것은 그때가 처음이었다고 한다. 보육원 아이들은 그 가족의 섬김이 예수님으로 말미암은 것임을 곧 알게 되었다.

너희에게 분명히 말한다. 너희가 나를 따르는 자라서 너희에게 내 이름으로 물한 잔 주는 사람은, 분명히 보상을 받을 것이다 막9:41.

## 지리(Geography)

홈스쿨러로서, 아이들에게 잃어버린 영혼에 관한 마음을 품게 할 기회로 세계 지리를 사용하는 것도 좋은 아이디어다. 특정 나라를 공부하거나 특정 지역과 사람들을 깊이 연구하고 싶을 수도 있다.

일부 홈스쿨러들은 세계 선교 전략의 권위자 패트릭 존스톤(Patrick Johnston) 박사의 《세계기도정보》(Operation World)를 참고하거나 단순하게 백과사전을 활용하여 특정 나라들에 관해 공부한다. 각 지역의 토속음식을 만들어보는 계획을 세울 수도 있고, 아주 창조적인 사람은 각 나라의 언어를 공부하거나 각 나라 사람들의 음악과 예술, 의복을 연구할 수도 있다.

특히 '10/40창'[아시아복음선교회(GFA, Gospel for Asia, 1978년 설립되어 원주민 선교사를 통해 인도와 그 주변 지역에 복음을 전하고 있는 선교 단체 – 역자 주)에서 펴낸 K. P. 요하난(K.P. Yohannan)의 ≪세계 선교의 혁명≫(Revolution in World Missions)을 참고 같은 지역에 그리스도인의 숫자가 얼마나 적은지 알게 되면, 그들을 위한 복음화가 얼마나 절실하게 필요한지 알게 될 것이다.

아시아복음선교회와 '순교자들의 목소리'(VOM, Voice of the Martyrs, 오스트레일리아와 캐나다, 뉴질랜드, 미국 등을 거점으로 전 세계의 박해받는 그리스도인들을 돕고 있는 기독교 단체 – 역자 주) 모두 홈스쿨러를 위한 특별 프로그램을 운영하고 있는데, 이를 통해 각 가정은 전 세계 미전도 종족과 그런 지역에 있는 교회의 수고에 관해 배울 수 있다. 그리스도인들은 전 세계에서 박해받고 있다. 그러므로 신앙생활하는 데 아무 박해나 지장을 받지 않는 곳에서 태어나고 자란 사람들은 이런 '현실 세계'와 맞붙어 싸워야 한다.

예전에 이런 말을 들은 적이 있다.

"저는 매일 아침 새 셔츠를 입을 때마다 셔츠에 붙은 라벨을 보고 그 셔츠를 만든 나라들, 즉 아르헨티나, 인도네시아, 중국, 이탈리아 등을 위해 기도합니다."

홈스쿨러들이 60억 넘는 인류의 영적 필요를 배우기 위한 도약판으로 지리 수업을 활용할 길은 많다. 홈스쿨 운동이 자신의 안위만을 배타적으로 돌보는 이기주의자를 양산한다면, 우리에게 남는 것은 처참한 실패뿐

일 것이다. 궁핍에 처한 세상이 우리 앞에 있다. 그리고 우리는 들을 귀 있는 사람에게 복된 소식을 전해야 하는 그리스도의 손과 발, 즉 그분의 몸이다.

## 다른 그리스도인들을 위한 사역

세상에는 잃어버린 영혼들뿐 아니라 지원과 격려가 필요한 그리스도인 노동자들도 있다.

식사를 대접하거나 잘 곳을 마련해주는 것을 아까워하지 말고 형편이 어려운 그리스도인 동지들에게 아낌없이 베푸십시오 롬 12:13.

내 친구들인 브라이언(Bryan)과 안젤라(Angela)가 설립한 'Home to Home' 여행 네트워크는 정말로 위대한 선교 기회를 제공한다. 이 네트워크는 여행하는 그리스도인들을 돕기 원하는 경건한 두 사람의 현실적 갈망에서 비롯되었다.

여행을 아주 많이 하는 홈스쿨러 브라이언과 안젤라는 모텔에 머무는 것이 얼마나 힘든 일인지 알고 있었다. 비용보다는 일부 장소에 혹여 있을지 모를 위험 때문이었다. 그리고 온갖 종류의 사악한 활동을 후원하는 데 관여하는 이교도 체제를 지원하게 된다는 끈질긴 문제 때문이기도 했다. 같은 생각을 하는 홈스쿨러들과 함께 머물며, 그리스도의 몸 안에서 새로운 우정을 쌓아갈 수 있다면 얼마나 좋을까?

집을 갖고 있다면, 당신도 'Home to Home'의 일원이 되어 당신이 사는 지역을 여행하는 지친 그리스도인들을 위한 안식처로 집을 개방할 수 있을 것이다(ChristianHospitality.com에서 더 많은 정보를 얻을 수 있다).

내가 더 잘 몰랐다면, 사도 요한이 다음과 같이 말했을 때 그가 'Home to Home' 가정에 관해 이야기한다고 생각했을지 모른다.

> 내 벗이여, 그대는 그대를 찾아오는 형제들, 특히 처음 만나는 이들을 보살피는 아름답고 신실한 일을 하고 있습니다. 그 형제들은 이곳에 있는 교회에서 그대가 사랑을 베풀었다고 증언했습니다. 여행하는 그들을 돕는 것은 귀한 일입니다. 그대는 그 형제들이 하나님을 위해 중요한 일을 하고 있다는 것을 알지요. 그들은 '그 이름'을 위해 이 일에 나섰으며, 비그리스도인의 도움은 받지 않습니다. 우리는 그런 이들을 모든 면에서 후원하여, 우리 역시 진리를 위해 일한다는 것을 증명해야 합니다 요삼 5-8.

우리는 모든 사람에게 상냥하고 친절하게 대해야 한다. 그러나 우리는 다른 성도들과 특별한 언약의 관계에 있다는 것을 알아야 한다.

그러나 기회가 닿는 대로 모든 이에게, 특히 기독교 가정의 식구들에게 선한 일을 합시다 갈 6:10.

우리의 섬김은 홈스쿨 후원 그룹이라는 상황 안에서 이루어질지 모른
다. 어쩌면 그 섬김은 같은 교회 미망인들의 필요를 채워주는 일로 드러
날지 모른다. 우리 가정의 경우, 그것은 출판사 운영과 세미나 개최, 컨퍼
런스 강의, 저술 등을 포함한다. 그것이 바로 우리 가정이 감당할 섬김의
자리다. 물론 하나님은 다른 섬김의 기회도 끊임없이 주신다.

주님은 당신의 노력을 사역으로 바꾸실 수도 있다. 어쩌면 앨런(Alan)
과 질(Jill)처럼 자폐아를 자녀로 둔 가정을 위한 사역을 시작하게 될지 모
른다. 혹은 톰(Tom)과 쉐리 부시넬(Sherry Bushnell)의 NATHHAN(National
Challenged Homeschoolers Associated Network, 장애인 홈스쿨러를 위한 연합 네트워크
- 역자 주)처럼 특수 교육이 필요한 아이들을 기르는 홈스쿨러를 위한 일
을 시작할 수도 있다. 이런 형태의 선교사역은 모두 각 가정이 개인적으
로 배운 것에서 비롯되었다.

어쩌면 그것은 가족끼리 함께 노래하는 것이 될 수도 있다. 나는 전 세
계를 여행하며 두 아들을 홈스쿨 하는 테리(Terry)와 바비 프랭클린(Barbi
Franklin) 부부로부터 깊은 인상을 받았다. 그들은 미국 교회만이 아니라
페루에서도 사역하고, 라틴어를 사용하는 사람들이 노래로 주님을 찬양
하도록 돕기 위해 스페인어 음반을 내기도 했다. 그들의 아들들은 음향
시스템을 조작하거나 이따금 마이크를 잡고 함께 노래하기도 한다. 이 얼

마나 효과적인 훈련인가!

교과과정 박람회나 대회에서 홈스쿨러를 섬기는 수많은 가정을 볼 때면 놀라움을 금치 못한다. 그들 모두 한 부분씩 역할을 감당하며 동참한다. 어쩌면, 주님은 당신 교회의 목회자가 주님을 섬길 때 손을 붙들어 올려줌으로써 그를 섬겨주라고 당신한테 말씀하실지도 모른다 출 17:10-12. 아니면 이제 막 홈스쿨을 시작하는 젊은 부모들을 상담할 수도 있을 것이다. 당신이 하나님의 지혜를 품은 홈스쿨 선배라면, 그들을 집에 초대해서 함께 식사하고 그리스도를 따르도록 아이들을 훈련하는 과정을 설명할 수도 있을 것이다.


## 섬김의 유산 물려주기

개인의 섬김이나 사역이 나쁘다거나, 결코 삶의 한 부분이 될 수 없다는 말이 아니다. 나는 가족이 함께 참여할 때 하나님이 정말로 특별한 일을 행하신다고 확신한다.

우리 가정에서 각 사람은 주님이 사용하실 각기 다른 은사와 재능을 갖고 있다. 우리 중 어떤 이들은 소리 내어 말하기를 좋아해서 다른 사람과 이야기 나누는 걸 편하게 생각할 수 있다. 반면 어떤 가족 구성원은 남들보다 조용하고 과묵하다. 어떤 이는 손재주가 좋아서 실제적인 방법으로 사람들을 섬길 수 있다. 또 다른 이들은 손으로 하는 일에 서툴러서, 그런 일을 위해 기도하거나 그 일을 돕기 위해 필요한 것을 공급함으로써 가장 잘 섬길 수 있다. 섬기는 태도와 영원한 것에 시간을 쓰기 원하는 태도를 발전시키는 것이 가장 중요하다.

우리는 이따금 어르신들에게 노래를 불러드리려고 양로원에 간다. 처음에는 '이런 사역을 즐길 아이가 있을까?'라고 의심했다. 그러나 조금만 경험해보면 아이들은 혼자 생활하기 어려운 이들에게 그 사역이 얼마나 축복이 될 수 있는지 깨닫게 된다.

열 살 정도 되었을 때 양로원에 갔던 기억이 난다. 나는 그곳에 가고 싶지 않았다. 당시 양로원은 더럽고 냄새나는 곳이었기 때문이다. 나는 혼자 휠체어에 올라탈 수도 없는 노인들에게 말하는 것만 빼고는 무엇이든 하겠다는 마음이었다. 오락실로 가는 길을 찾았을 때 난 그곳을 지나 걸어갔다. 그런데 갑자기 80세쯤 되어 보이는 할머니 - 나는 그분이 휠체어에 앉은 채로 잠든 줄 알았다 - 가 몸을 앞으로 숙이더니 내 팔을 꽉 잡았다.
"아! 널 잡았구나!"
그녀는 새된 소리를 지르며 이렇게 말했다.
"널 잡을 거라고 생각 못 했지? 그랬지?"
간호사가 달려와 할머니의 손에서 나를 구해주었고, 나는 놀라고 흥분된 마음이 진정될 때까지 앉아 있어야 했다. 나는 그곳이 조금도 즐겁지 않았다. 빨리 집에 가고만 싶었다!

잠시 후 주일 예배가 시작되었는데, 나는 아내의 손을 꼭 붙잡고 있는 할아버지를 보았다. 두 사람은 눈물을 흘리고 있었다. 예배를 마친 뒤, 나는 두 사람에게 결혼한 지 얼마나 되었냐고 물었다.

"60년이 되었단다."

할아버지가 대답했다.

"난 여든한 살이고 사랑스러운 우리 신부는 여든두 살이야."

그는 목소리를 낮추더니 이렇게 속삭였다.

"우리 아내는 늙었어!"

난 웃음을 지으며 눈물을 참았다. 평생 주님을 섬겨온 두 사람은 우리가 기꺼이 찾아와 함께 예배드린 것을 무척 고마워하셨다.

"우리는 이제 더는 교회에 갈 수 없어. 너 같은 아이들이 와서 우리를 돌봐주고 종일 함께 시간을 보내주는 게 얼마나 큰 축복인지 모른단다."

말할 것도 없이, 나는 내가 위선자 같다는 생각이 들었다. 나는 왜 그토록 이기적이었을까?

이런 상황을 통해 나는 나 자신에게서 벗어나 주님이 하라고 하신 일은 무엇이든 기쁘게 섬기는 법을 배우게 되었다. 나는 양로원에서 사람들과 엄청난 대화를 나누었다.


어떤 할머니는 어렸을 때 가족들이 나치에게 붙잡혀서 집단 수용소로 보내졌다고 말씀하셨다. 그녀는 그저 제정신을 차리기 위해 교도관들을 어떻게 조롱했는지 말해주었다. (내가 그녀의 말을 제대로 알아들은 거라면) 할머니의 오빠는 그 수용소에서 죽었다. 그녀는 오빠에 관해 이야기할 때 아주 힘들어했다. 내키지 않는다는 이유로 그곳에 가지 않았다면, 나는 어마어마한 축복을 놓쳤을 것이다.

우리는 섬길 때 가장 큰 복을 받는다. 하나님이 사용하시는 '자원하는 마음'을 배우는 것은, 매우 어려운 수업이지만 젊은이에게 줄 수 있는 가장 놀라운 선물이다.


## 하나님 주신 은사를 사용하라

가족들은 하나님이 자신에게 주신 은사를 제일 먼저 찾아야 한다. 당신 가족은 어느 부분에서 탁월한가? 당신의 강점은 무엇인가?

가정 사역은 보통 하나님이 우리 삶 가운데 행하신 일들을 통해 자연스럽게 흘러간다. 어떤 사역은 그 영역에서의 달란트가 부족해서 빨리 제외될 수도 있다. 예를 들어, 요리를 잘하는 사람이 아니라면, 식사 대접하는 일은 사람들을 축복하는 최선의 길이 아닐 수 있다. 컴퓨터 다루는 법을 잘 모른다면, 그 일을 잘 하는 누군가가 나타날 때까지 기다리고 싶을 것이다. 당신이 잘 하는 일은 무엇인가? 아마도 하나님은 바로 그 은사를 통해 그리스도의 몸에 복을 주실 것이다.

우리의 모든 은사는 하나님으로부터 받은 것이다 약 1:17. 그래서 잘한다고 생각되지 않는 일이라도, 우리를 통해 그 일을 성취하는 것이 하나님의 뜻이라면, 필요한 능력을 하나님이 우리에게 주실 수 있다. 하나님의 강함은 우리의 약함 가운데서 온전해진다.

그분은 이렇게 응답하셨습니다. "너는 내 은혜를 충분히 받았다. 내 능력은 연약한 곳에서 더 온전히 드러난다." 그래서 나는 기꺼이 연약한 나를 자랑하기로 했습니다. 연약하면 그리스도의 능력을 더 깊이 체험한다는 뜻이니까요 고후 12:9.

모세는 하나님께 이렇게 말했다.

모세가 여호와께 아뢰되 오 주여 나는 본래 말을 잘 하지 못하는 자니이다 주께서 주의 종에게 명령하신 후에도 역시 그러하니 나는 입이 뻣뻣하고 혀가 둔한 자니이다 출 4:10.

모세처럼 느껴본 적 있는가? 그것은 하나님에게 문제 되지 않는다. 당신에게 하라고 부르신 일이 무엇이든, 하나님은 그 일에 맞게 당신을 준비시키실 것이다.

여호와께서 그에게 이르시되 누가 사람의 입을 지었느냐 누가 말 못 하는 자나 못 듣는 자나 눈 밝은 자나 맹인이 되게 하였느냐 나 여호와가 아니냐 이제 가라 내가 네 입과 함께 있어서 할 말을 가르치리라 출 4:11-12.

가족이 함께 기도하라. 그러면 하나님은 그분이 어디서 일하고 계시는지 보여주실 것이다. 우리가 그분에게 진심으로 복종한다면 말이다. 당신 가정이 섬길 수 있는 견고한 자리를 찾아라. 하나님이 당신에게 방향과 지침을 주시고, 자기 부인의 진정한 의미를 알게 해달라고 기도하라. 그리고 날마다 자기 십자가를 지고 예수님을 따라라.

CHAPTER 10

# 홈스쿨을 어렵게
## 느끼게 만드는 오해들

## '홈스쿨을 하려면 돈이 많아야 해'

홈스쿨을 시작했을 때, 홈스쿨 때문에 빚을 얻은 것은 거의 없었다. 우리는 공립학교에 커리큘럼을 공급하는 회사들에 연락해서 필요한 교과서를 구입했다. 어머니는 출판된 지 오래된 도서나 절판된 재고 도서가 있는지부터 문의했고, 그곳에서 구할 수 없는 책은 중고 도서를 수소문했다. 찢어지거나 더럽혀져 있어도 공부하는 데 지장이 없다면 우리는 괜찮았다.

어머니의 전화를 받은 출판사 담당자는 맨 먼저 이런 질문을 했다.
"학교이신가요?"
"아닙니다. 아이들을 집에서 가르치려고 하는데 책이 필요해서요."

"교사 자격증이 있으신가요?

어머니는 그렇지 않다고 대답했다.

"그러면 학위가 있으신가요?"

"학위라니요?"

어머니가 되물었다.

"교육 관련 대학교 학위요."

"없는데요."

"실례지만, 학교는 어디까지 다니셨습니까?"

"고등학교 1학년까지 다녔습니다."

수화기 너머로 떠들썩하게 비웃는 소리가 들려왔다.

"고등학교 졸업장도 없으면서 아이들을 직접 집에서 가르치신다고요?"

비웃음 소리가 더 커졌다.

"좋은 생각이네요! 어쨌든, 도와드리고 싶지만, 저희는 학교에만 책을 판매합니다. 죄송합니다."

아이를 집에서 가르치고 싶은 '교육을 많이 받지 못한' 부모에게는 책을 팔지 않겠다는 말 같았다.


하지만 우리는 낙심하지 않았다. 어머니는 치밀한(!) 계획을 세웠고, 모든 벼룩시장과 우리가 사는 지역의 모든 서점이나 책 판매하는 곳을 샅샅이 뒤졌다. 마침내 전 과목의 중고 교재를 구입한 어머니는 그 책들로 첫 번째 커리큘럼을 만드셨다. 총비용은 5~6달러 정도였던 것 같다. 크레용으로 낙서되어 있고 페이지가 찢어진 책들이었지만, 우리는 교육의 '형식'을 갖추게 된 것이 너무 기뻤다(착오로 같은 책을 두세 권이나 구매한 경우도 있었다).

오늘날의 부모들에게 훨씬 더 많은 선택의 여지가 있다는 것은 좋은 소식이다. 요즘은 중고 서적 시장이나 물물교환 시장이 활발하게 형성되어 있다. 쉬운 일은 아니지만, 몇몇 출판사와 서점들은 절판 도서를 구해주기도 한다. 또한 공공·사립 도서관에서 보조 교재를 빌려볼 수도 있다. 인터넷에서도 국내외의 정보를 구할 수 있고, 홈스쿨 커뮤니티에서 제공하는 커리큘럼이나 자료를 구할 수 있다.

새 책을 사주지 말라는 이야기가 아니다. 가능하면 아이들에게 새것을 사주자. 아이들도 좋은 자료를 사용하고 싶어 한다. 새 책으로 공부하는 것이, 홈스쿨에 회의적인 친척과 지인들 보기에 좋을 것이다. 내가 말하고 싶은 것은, 홈스쿨은 경제적으로 넉넉하지 않아도 창의적 방법을 통해 가능하다는 것이다. 여러분도 홈스쿨을 할 수 있다.

미국의 경우이기는 하지만, 자녀 한 명을 홈스쿨 하는데 필요한 교재 비용은 평균 1년에 400~500달러 정도다. 그 정도면 교육에 필요한 교과서와 학생 교재 등을 살 수 있다. 내 친구들 대부분은 아이 한 명당 1년에 100달러 미만의 교재비를 들여 홈스쿨 하고 있다. 걱정만 하지 말고 일단 부딪혀 보자. 홈스쿨은 돈이 아니라 아이디어로 넉넉히 감당할 수 있다.

## '홈스쿨을 하면, 아이가 폭넓은 사상과 삶의 방식, 철학을 경험하지 못할 거야'

홈스쿨 시장에 뛰어들려고 하는 교과서 출판업자와 대화를 나눈 적이 있다. 그는 그리스도인 부모들이 자기 출판사의 도서 대부분을 잘 받아들이고 있다고 말했다.

"도서 대부분이라는 건 무슨 의미인가요?"

내가 물었다.

"글쎄요, 일부 홈스쿨러는 우리 출판사의 생물학 교과서를 좋아하지 않았어요. 진화론을 이야기하기 때문이지요. 홈스쿨 부모들은 현실 세계에 살고 있지 않은 것 같습니다. 그들은 자녀들이 '창조'만 알고 그 외에는 아무것도 모르기를 원해요. 그런 아이들이 일반 대학에 가면 무슨 일이 일어날까요? 그들은 심지어 진화론이 무엇을 주장하는지도 모를 겁니다. 부모들이 어떻게 그걸 진짜 교육이라고 부를 수 있는지 모르겠습니다."

"그 교과서들이 진화론을 전달하기만 하나요, 아니면 그것이 사실이라고 부추기나요?"

나는 그의 논리에 일관성이 없다는 것을 직감했다.

"차이점을 모르겠네요. 제 말은 현대 과학이 종의 기원에 관한 유일한 설명으로 진화론을 입증했다는 겁니다."

"당신은 생명 기원에 관해 가능한 설명으로서 창조론을 가르치나요?"

"아니요."

"당신은 당신 출판사의 생물학 교과서가 진화론만 가르치고 그 외의 것은 전혀 가르치지 않는다고 말하는 건가요?"

침묵이 흘렀지만, 그는 결코 질문에 대답하지 않았다. 그는 자신이 주장한 대로 개방적이고 모든 것을 포용하는 사람이 결코 아니었다. 그는 절대론자(Absolutist)였다. 자신이 비난하던 사람들처럼 말이다. 다만 그는 다른 가치를 갖고 있을 뿐이었다.

홈스쿨러들은 공립학교에 다니는 학생 대부분이 그런 것처럼, 비도덕성과 세속 사상, 죄를 많이 볼지 모른다. 다만 그들은 그것을 정상적인 것으로 받아들이지 않을 뿐이다. 그들은 오류를 볼 수 있고, 이교도적 삶의 방식을 피하는 법을 배울 수 있다.

진짜 문제는 방탕한 모습을 아예 볼 수 없도록 아이들을 지나치게 보호하는 것이 아니다. 그런 모습은 사회 도처에 있다. 그것에서 벗어날 길은 없다. 진짜 문제는 아이들이 오류를 인식하고 진리 안에서 살도록 돕는 것이다. 그런 접근이라야 옹졸한 자유주의자들을 화들짝 놀라게 할 수 있다.

## '내가 어떻게 아이들을 가르쳐? 나는 그럴 깜냥이 안 돼'

자격은 누가 부여하는가? 당신은 누구에게 권한을 위임받아야 한다고 생각하는가? 학문적 관점에서 우리가 해야 할 것은 아이들에게 읽는 법과 배우는 법을 가르치는 것이다. 그게 전부다. 아이들이 공부를 좋아한다면, 그들은 당신이 기대할 수 있는 최고의 학문적 기대치를 능가할 것이다.

어머니는 고등학교 1학년 이후 정규 교육을 받지 않으셨다. 그런데도 어머니는 여섯 아이를 집에서 성공적으로 가르치셨다. 나는 열다섯 살에 고등학교를 마쳤고, 어머니가 시작조차 하지 못했던 과목들을 공부했다. 그녀는 내가 자료를 잘 이해하고 있는지 확인하기 위해 책상 옆에 붙어 있을 필요가 없었다. 나는 읽는 법을 알았고, 지침을 따라갈 수 있었고, 공부하고 싶다는 동기부여가 되어 있었다. 근본적으로, 배움을 좋아하는 아이들은 '스스로' 가르칠 것이다.

존 테일러 개토(John Taylor Gatto, 미국의 교육 역사에 관한 책을 쓴 전직 교사. 뉴욕 주에서 올해의 교사상을 2회 수상함 - 역자 주)는 자신의 책 《바보 만들기》 (Dumbing Us Down)에서 이렇게 말했다.

*"나는 내가 전문가라는 생각을 버렸다. 전문가의 일이란 조그마한 머릿속을 전문지식으로 꽉 채우는 것이었다. 그리고 난 타고난 천재 아이들을 모이지 못하게 하는 방해물들을 어떻게 제거할 수 있을지 탐색하기 시작했다."* [1]

나는 학문적 견지에서 개토 선생의 의견에 동의한다. 아이들의 배움을 금하는 것은 위험한 일이다. 아이들의 머릿속을 지식과 정보로 꽉 채우지 말고, 그저 배움의 잠재력을 열어주자. 책을 읽어주고 가능한 한 직접 체험을 통해 배울 환경을 많이 마련해주면 된다. 배움은 신나고 즐거워야 한다. 아이가 배움을 즐거워한다면, 그를 멈추게 하는 것은 없을 것이다.

1997년 미국 가정 교육 연구소(National Home Education Research Institute)의 브라이언 레이(Bryan Ray) 박사는 '대학을 졸업한 부모의 자녀와 고등학교를 중퇴한 부모의 자녀가 얻은 점수 차이'에 관한 연구 결과를 발표했다. 두 집단의 점수 차이는 8퍼센트 미만이었다[교사자격증을 가진 부모의 자녀와 그렇지 않은 '일반'(?) 부모의 자녀의 점수 차는 겨우 3퍼센트였다고 한다].

'교육을 많이 받지 못한' 부모가, 교사자격증을 가진 공립학교 교사에게 배운 학생들보다 35점 높은 점수를 얻는 아이들을 가르친다는 사실을 인정할 수 있겠는가? 이것은 하나님의 방식이 언제나 최고라는 것을 입증한다.

하나님께 '어리석은 것'이 사람들보다 지혜롭고, 그분께 '약한 것'이 사람들보다 강하기 때문입니다 고전 1:25.

실로, 지혜는 그 결과와 운명을 같이합니다 마 11:19 중에서.

영적 견지에서 보면, 하나님은 우리에게 아이들을 가르치고 훈련하라는 성경의 명령을 주셨다. 그분은 그 임무를 완수할 도구를 주지 않은 채 책임만을 주시지 않는다. 우리는 명령 받은 사람들이다. 그러므로 순종 해야 한다.

## '홈스쿨을 하면 공립학교에서 제공하는 질 좋은 자원들을 누리지 못할 텐데…'

이런 신념은 절대적으로, 전적으로, 완전히 잘못된 것이다. 나는 홈스 쿨 관련 매체에서 오랫동안 일했고 수많은 교육 출판업자들을 만났다. 홈 스쿨 부모는 공립학교에서 사용하는 모든 자료를 이용할 수 있다(원한다 면 학교에서 사용하는 책상과 칠판도 구할 수 있을 것이다. 물론 학교의 모든 것을 필 요로 한다는 이야기는 아니다). 그리고 홈스쿨러들에게 자료를 공급하는 관 련 단체와 커뮤니티, 출판사도 있다. 찾아 나서기로 마음만 먹는다면, 홈 스쿨 관련 시장에서 이용할 수 있는 자원이 많다는 사실에 놀라게 될 것이 다. 날 믿어라. 진짜 문제는 찾지 않거나 찾아 놓고도 활용하지 않는 것이다.

## '나한테 배우면 아이들은 제대로 된 교육을 받지 못할 거야'

미국의 홈스쿨러들은 표준화 시험에서 계속해서 공립학교와 사립학교를 능가해왔다. 앞에서 나눈 레이 박사의 연구 결과를 보라. 홈스쿨 자녀들이 공립학교 학생들보다 35점이나 높은 점수를 받았다! 홈스쿨 법률 방어 협회(Home School Legal Defense Association)의 연구 결과를 보면, 특별한 돌봄이 필요한 아이들도 홈스쿨 환경에서 월등히 잘한다는 것을 알 수 있다[스티븐 듀발(Steven Duvall) 박사의 연구].

물론, 나는 하나님에게 순종할 때 학문적인 성공도 뒤따라올 거라고 믿는다. 그러나 시험 점수가 홈스쿨의 주된 동기부여가 되어서는 안 된다고 생각한다. 평균 4.0의 성적으로 대학을 졸업하고 세상에서 성공한다 해도, 자신의 영혼을 잃어버린다면 무슨 유익이 있겠는가?

부모들이 아이들에게 성경적 세계관을 심어주는 데 초점을 맞춘다면, 아이들은 자신이 하는 모든 것에서 탁월해질 것이다. 그것은 하나님이 주신 복인 자연스러운 인과법칙이다. 순종할 때 복을 받고, 순종하지 않을 때 저주를 받는다. 나는 마땅히 따라야 할 방식으로 훈련받은 홈스쿨러가 세상의 또래 집단에서 학문적 우세를 잡지 못한 경우를 아직 보지 못했다.

## '홈스쿨을 하게 되면, 모든 시간을 거기 사용하게 될 거야' (그렇게 살기는 싫어!)

나는 이기적인 부모가 많다는 사실을 알고 있다. 그들은 자신의 안위와 자신이 선호하는 삶의 방식에 너무 신경을 쓴 나머지 아이들의 중요한 필요를 무시한다. 부모에게 자녀보다 더 중요한 우선순위는 없다. 삶은 제한된 양의 시간으로 이루어져 있다. 우리는 이 소중한 시간을 우리에게 가장 중요한 것에 사용한다.

골프 치는 데 모든 시간을 쓰면서 "당신을 무엇보다 사랑해"라고 하는 남편의 말을 아내가 믿겠는가? 물론 아니다. 아이들에게 내줄 시간이 없다는 말은, 아이들보다 중요한 것이 있다는 분명한 메시지이다. 친구, 취미활동, 사회적 지위, 돈 등 거의 모든 것이 아이들보다 더 중요해질 수 있다.

성장하라! 부모가 될 정도로 성숙하다면, 반드시 자녀들에게 합당한 우선순위를 두어야 한다. 그것은 책임이다. 자유로운 십 대처럼 여전히 행동하고 싶을지라도, 이젠 유치한 것들을 내려놓을 시간이 되었다. 너무 많은 것을 하느라 아이들을 집에서 가르칠 수 없다면, 자신의 삶을 다시 평가해 볼 필요가 있다. 직장, 교회 활동, 확대 가족, 친구들 어느 것도 자녀를 돌보고 훈련할 부모의 의무보다 앞서서는 안 된다.

일단 삶을 다시 조직하고 나면, 홈스쿨이 생각했던 것만큼 많은 시간이 필요하지 않다는 것을 알게 될 것이다. 대부분의 홈스쿨 자녀들은 오후 1시쯤 '학교 공부'를 마치고, 오후 시간은 가족 활동을 하며 보낸다. 물론 당신 가정에서는 그렇게 하지 않아도 된다. 사람은 모두 다르다. 다만 나는 당신이 자신의 인생에 걸고 있는 기대를 검토해 보고 그것이 스스로 부여한 세상의 기준인지, 하나님의 영감을 받은 것인지 분별하라고 권고하려는 것이다.

아침 8시부터 오후 4시까지 교과서 공부에 시간을 쏟아붓고 있다면, 당신은 어쩌면 정말로 필요한 것보다 더 많은 시간을 떼어먹고 있는지도 모른다. 어쩌면 비전통적 체험 위주의 학습 경험을 짜넣기 위해서 형식적 수업일수를 줄여야 할 수도 있을 것이다.

한 회사에서 만든 고전 전집을 활용한 커리큘럼을 적용하면, 동기부여와 시간 관리에 도움을 얻을 수 있다. 하지만 많은 부모가 그 분량과 기간에 압도당해 지치고 만다. 너무 오래 걸리고 갈등이 자주 일어나는 계획과 활동은 조정할 필요가 있다.

## '내 아이지만 너무 고집 세고 산만해서 같이 뭘 할 수가 없어. 난 미쳐버릴 거야!'

나이 드신 친척 한 분이 내게 "넌 자랑하는 거냐, 불평하는 거냐?"라고 말씀하신 적이 있다.

성격이나 태도, 생활습관 등으로 날마다 부모를 시험에 들게 하는 자녀를 두고 있다는 것은 자랑거리가 아니다! 당신의 자녀가 그런 아이들이라면, 꼭 반드시 홈스쿨을 하기 바란다! 정말로, 부모들이 그런 말을 할 때마다, 나는 홈스쿨을 하면 아이들보다 부모가 더 도움을 많이 받을 거라고 ‑

속으로! - 생각한다.

하나님은 부모가 자기 자녀를 사랑하기 원하신다. 아이들과 함께 있을 때 나오는 정결하게 하는 불은 반항적인 부모(!)에게 꼭 필요한 것이다. 하나님은 그분의 빛을 부모의 마음에 비추셔서 아이들과의 관계를 가로막는 모든 잘못된 성품을 드러내신다. 1장에서 논했듯이 일단 부모의 마음을 얻으면, 하나님은 아이 가운데 일하기 시작하신다. 부모인 당신이 자녀를 참아낼 수 없다면, 다른 누구보다 당신에게 홈스쿨 과정이 필요하다.


## '홈스쿨도 좋지만, 난 우리 아이들이 공립학교에서 빛과 소금으로 살아가면 좋겠어'

당신의 이웃집에서 사이비 종교 의식을 행한다고 해보자. 그렇다면 당신은 정기적으로 열리는 그들의 의식에 아이들을 보내겠는가? 사이비 종교에 빠진 이웃들에게 '빛과 소금'의 모습을 보여주라고 말이다. 나라면 어른이자 부모인 자신이 거기 가는 것도 질색할 것이다. 그렇다면 아이들이야 오죽 하겠는가.

다르게 생각해보자. 집 주변에 술집이나 나이트클럽이 있는가? 그렇다면 그곳에서 빛과 소금이 되라고 아이들을 보내야 할까? 거리를 헤매는 또래 무리에게 복음을 전하라고 하면 어떨까? 우리는 아이들을 모든 것으로부터 보호할 수 없다. 그렇지 않은가?

조금 과장되게 표현해서 불쾌했을지도 모르겠다. 하지만 나는 당신이 자신의 주장에 담긴 논리적 오류를 깨닫기 바란다. 진짜 문제는 아이들에 대한 우려도 아니고, 잃어버린 영혼에 대한 부담도 아니다. 공립학교에 있는 잃어버린 영혼들이 그렇게 신경 쓰인다면, 당신 자신이 그곳에 가야 하는 것 아닐까?

잃어버린 자들에게 전도하고 싶다는 '가상의'(?) 갈망 때문에 인본주의의 제단에 자녀를 제물로 바쳐서는 안 된다. 우리는 잃어버린 어린 영혼들을 위해 자신의 삶을 내려놓아야 한다. 우리 자녀들을 보호하는 것을 여전히 선택하면서 말이다.

정치학에서는 이 같은 핑계를 '진실의 은폐'라고 부른다. 옳다고 알고 있는 바에 순종하지 않는 것을 은폐하려는 시도로, "우리 아이들이 학교에서 빛과 소금이 되고 있어요"라고 말하며 숭고한 사상의 부족을 감추려고 한다. 사실은, 정말로 사악하고 기만적인 태도이다. 우리는 어떻게든 자신의 이기적인 모습을 감추려고 할 것이며, 때때로 정말로 아이들을 향한 최고의 관심 때문에 그렇게 결정한 거라고 믿도록 자신을 속인다.

내게 이렇게 말하는 부모가 많다.

"우리 아이들은 올해 친구들 몇 명을 전도했어요."

이 말이 정말 맞는다면, 하나님이 그 부모의 무지에도 불구하고 복을 주신 것이다. 알코올중독자 모임(AA)에서 다른 참석자들에게 복음을 전하려고 하는 한 알코올중독자를 알고 있다. 문제는, 그들이 그 사람을 존경하지 않는다는 것이었다. 왜냐하면 그가 자신들과 별반 다를 게 없었기 때문이었다. 그가 어떻게 그들에게 더 나은 길을 보여줄 수 있겠는가?

하나님은 빛과 소금이 되라고 우리 아이들을 '영적 뱀'들이 우글거리는 구덩이에 던져 넣지 않으신다. 공립학교의 구원받지 못한 아이들에게 복음을 전하는 길은 드러나서 구별되는 것이다. 사람들은 홈스쿨러들이 다르기 때문에 우리에게 질문하고 싶어 한다. 아이들이 세속 학교에 있다면, 그들은 인본주의 사상과 온갖 종류의 비도덕에 노출되어 있다. 잃어버린 자들에게 복음을 전한다는 덧없는 꿈 때문에 우리 아이들을 정말로 잃어버려도 되는가?

내가 6학년일 때 누나와 나는 중학 과정까지 있는 사립학교를 1년 동안 다녔다. 나는 기독교 사립학교가 공립학교보다 훨씬 건전한 곳이라고 생각했고, 이 학교에서 훌륭한 모범적인 어린 그리스도인이 될 거라고 확신했다.

그러나 얼마 지나지 않아, 30명으로 구성된 반에서 겨우 세 명만 진정한 그리스도인이라는 것을 알게 되었다. 물론, 많은 아이가 기독교 가정에서 자랐고, 모두 교회에 출석했다. 그러나 세 사람만 실제로 주님과 살아있는 관계를 맺고 있었다. 나는 한 달도 지나지 않아 이교도적인 분위기와 삶의 방식에 노출되기 시작했다. 상당수 선배가 하드코어 메탈 음악을 듣고, 술을 많이 마시고, 끊임없이 욕을 하고, 포르노에 빠지고, 마약에 손을 대고, 사기꾼처럼 거짓말을 해댔다. 더 놀라운 것은 그들이 성경을 외우거나 부모 옆에 있을 때 종교적 행동을 하는 것이었다. 이것이 바로 교육 그 자체였다. 다행히 그 학교는 중학 과정까지만 있었다. 그렇지 않았다면 학생들의 문제가 더 나빠졌을 거라고 확신한다.

대체로, 나는 기독교 사립학교가 웬만한 공립학교보다 낫다고 말하곤 했다. 그런데 그곳은 '기독교적' 환경이 전혀 아니었다. 나는 나 자신이 받아들여지고 싶어한다는 것을 알았다. 나는 조화를 잘 이루고 싶었다. 가족이 아니라 또래들에 둘러싸여 있었기 때문에, 또래 집단이 우리 가족보다 중요해졌다. 나는 이내 배움에 무관심해졌고 권위를 멸시하게 되었다.

(어떤 면에서는) 감사하게도, 나는 성적이 급격히 떨어졌다. 친구들과 노는 것이 너무 좋아서 공부에는 아예 흥미를 잃었다. '경고'라고 적힌 성적표를 받아든 엄마는 곧 무언가 잘못되고 있음을 깨달았다. 관계적으로, 우리 가족이 상처에서 치유되기까지 실제로 2년 정도 걸렸다. 나쁜 친구들을 사귀는 바람에 우리들 사이에 균열이 생기게 된 것이었다.

나는 그것을 다룰 준비가 되어 있지 않았다. 감수성이 너무 강한 때라 조롱과 반대에 맞서 저항할 수 없었다. 그래서, 난 꽁무니를 빼고 겁쟁이처럼 처신했다. 그렇게 하지 말았어야 했다. 아이들이 자라나 어른이 될 때, 그제야 그들은 강력한 반대에 저항할 수 있다. 나는 부정적 영향을 받지 않고 몇 달 이상 전적인 반대에 맞서는 십 대를 결코 본 적이 없다.

그들이 또래들과 똑같이 될 거라는 뜻이 아니다. 우리 누나는 나만큼 영향을 많이 받지 않았다. 그러나 젊은 애들은 어느 정도 부패할 것이다.

여러분은 속지 마십시오. "나쁜 친구를 사귀면 올바른 행실을 더럽힌다'는 말은 사실입니다 고전 15:33.

이는 맞는 말이며 그것을 피할 길은 없다.


## '우리 동네는 학군이 좋아서 홈스쿨 하기는 아까워. 여기 학교는 교사들도 대부분 그리스도인이야'

대부분의 부모가 하는 말을 믿을 수 있다면, 나는 모든 부모가 좋은 학군에서 살아야 한다고 생각한다. 나는 미국의 현대 교육 체제를 어떻게 보는지에 관한 부모들의 여론을 듣고 있다. 학교들이 극도로 힘든 상황에 있다는 게 대다수의 의견이다. 그러나 그 지역의 학군에 관한 질문을 받으면 대부분의 부모는 "이곳의 학교 체제는 아주 훌륭해요"라고 말한다.

우습지 않은가. 어떻게 모든 문제가 항상 '저기 어딘가에'(Out There Somewhere) 있는 것 같은지. 우리는 주변에 있는 모든 사람과 모든 것의 잘못을 지적할 수 있지만, 자신에게 직접 와 닿는 것 속에 있는 오류는 볼 수 없다. 난 언제나 ≪피넛츠≫(Peanuts) 만화에 나오는 라이너스(Linus)의 철학을 좋아했다. 그는 오류에 빠져 이렇게 말한다.

*"난 인류를 사랑해요. 내가 참을 수 없는 사람들이거든요!"*

우리도 미국의 교육 시스템을 이와 비슷한 방식으로 보고 싶어 한다. 일반적으로, 부모들은 미국의 교육 시스템에 문제가 많다고 느낀다. 그러나 아이들이 다니는 학교에 대해서는 장밋빛 안경을 쓰고 본다. 어떤 잘못이라도 보고 싶어 하지 않는다.

진리에 대면하자. 거의 모든 학교, 모든 곳, 심지어 기독교 학교도 세속주의의 영향을 받고 있다. 대부분의 기독교 학교 교사들은 교직에 필요한 학위를 어디서 받는가? 당연히 세속 대학에서 받는다. 그들이 어떻게든 교수들의 영향을 피할 수 있다고 생각하는가? 어리석은 기대는 그만두자. 학교에는 문제가 많다.

당신 아이들이 전국에서 가장 좋은 학교에 다니고 있을지라도, 법인의 학습 환경은 아직도 당신 자녀를 향한 하나님의 최선에 미치지 못한다. 당신 아이들은 개인적인 지도와 부모와의 교제를 놓칠 것이며 차선을 받아들일 수밖에 없다. 세상에서 가장 좋은 학교는, 당신 아이의 교육에 대한 하나님의 명령을 따르는 것을 여전히 발판으로 삼는 학교다.

아이들을 집에서 가르쳐야 하는 것은 실패한 교육 시스템에 대한 반발이나 제도화 학습에 대한 혐오나, 특히 특정 학교 교사나 관리자들의 잘못에 대한 앙갚음 때문이 아니다. 우리는 단지 성경 원리에 대한 순종에 기초해서 가정 교육을 해야 한다. 하나님은 부모를 자녀의 가장 좋은 교사로 계획하셨다. 왜? 누가 아는가? 그러나 하나님이 그렇게 하셨기에, 그분의 자연적인 학습 법칙을 따라야 한다는 게 말이 된다.

부정적인 이유 때문에 홈스쿨을 하지 말라. 하나님을 향한 단순한 순종으로 홈스쿨을 하자.


## '나도 공립학교를 다녔는데, 별 문제 없이 잘 다녔어' (나쁜 영향을 받지 않았어)

홈스쿨 개척자(Pioneer Homeschooler)인 칼 리드(Karl Reed)는 종종 이렇게 말한다.

"내가 아기였을 때 엄마가 오디오에 걸려 넘어졌어요. 하지만 내게 영향을 미치지 않았어요. 영향을 미치지 않았어요. 영향을 미치지 않았어요!"

요점은 '불경건한 사람들의 상담을 받느라 16,800시간을 쓰고도 그것이 우리에게 아무 영향을 끼치지 않는다고 주장할 수 있는가'이다. 우리는 어렸을 때 마음에 들어온 것으로 세계관을 발전시킨다. 세속 학교에서 교육받은 사람은 자신이 인식하는 것보다 훨씬 더 많은 영향을 받았을 것이다.

중요하게 이해해야 할 것은 오늘날의 학교는 20년 전과 엄청나게 달라졌다는 사실이다. 60~70년대 보다 더 자유주의적이고 무신론적이 되었다. 물론, 또래 압력은 언제나 있었고, 부정적 영향도 늘 있었다. 그러나 오늘날처럼 세상이 이토록 반기독교적이지는 않았다.

하나님의 은혜는 놀랍다! 예수님은 과거의 부정적인 것들을 취해서 그것들로 합력하여 선을 이루게 하실 방법을 갖고 계시다. 캠퍼스에서 살아남은 부모들은 그들을 순결하게 지켜주신 하나님에게 감사드리며, 그들이 성장할 때보다 더 그리스도를 닮은 방식으로 아이들을 양육하도록 그분의 은혜를 구해야 한다.

대부분의 부모는 십 대 시절 많은 실수를 저지르고 그 선택의 결과로 고통을 겪었을 것이다. 그 때문에 부모는 아이들이 자기와 똑같은 실수를 저지르지 않게 하려고 최선을 다한다. 아이들은 뜻하지 않은 함정이나 유혹을 피할 수 있다. 부모들이 "나는 괜찮았어"라고 말하며 스스로 속이지 않는다면 말이다.

## '아이들이 (공립학교에서) 운동이나 과외 활동을 많이 할 수 있게 해주고 싶어'

운동이나 사교 행사 때문에 아이를 집에서 가르치지 않는다면, 부모 자신에게 몇 가지 질문을 해보라고 권하고 싶다.

"내 양심에 어긋나는 활동에 참여하게 해달라고 조르는 아이한테 설득 당하고 있는가?"

(다른 말로) "당신은 개인적으로 아이가 체육 활동이나 밴드 연습, 또는 다른 활동에 참여하기 원하는가?"

그렇지 않다면, 당신은 자신이 부모인지 아이가 부모인지 검토해 봐야 한다.

아이가 학교 행사에 참여하기 원한다면, 자신에게 또 다른 질문을 던져 보자.

"왜 나는 우리 아이가 이런 활동에 참여하기 원하는가?"

한 어머니는 자기 아들이 프로 미식축구 선수가 되는 것이 하나님의 뜻이라고 느꼈다. 그래서 그녀는 홈스쿨을 그만두고 아들을 공립학교에 보냈다. 그녀는 아들이 고등학교 팀에서 뛰지 않으면 프로팀으로 갈 기회를 얻을 수 없을 거라고 생각했다. 나는 그것이 하나님의 뜻인지 아닌지 모른다. 하지만 내가 이 책의 원고를 완성할 때까지 그 아이는 선수 지명을 받지 못한 상태였다. 물론 적어도 그와 그의 가족에게는 목표가 있었다.

대부분의 부모는 하나님이 자기 자녀를 프로 운동선수로 부르지 않았다는 사실을 알고 있다. 그들은 단지 사회적 상호작용이 아이들에게 좋을 거라고 느낄 뿐이다. 나는 그런 과외 활동의 필요성에 의문을 제기하고 싶다. 그런 것들이 꼭 필요하다고 느낀다면, 지역이나 주의 후원 그룹을 통해 대부분의 프로그램을 얼마든지 이용할 수 있다. 심지어 미국에는 전국 홈스쿨 야구 선수권 대회도 있다! 정말로 아이들을 사회 활동에 참여시키고 싶다면, 공립학교에 보내지 않고도 할 수 있다는 이야기다.

아이가 운동하고 싶어한다면, 그의 삶을 향한 하나님의 부르심을 잘 분별하며 기도해야 한다. 하나님이 정말로 당신 자녀를 스포츠 영역에서 사용하시기 원하실까? 아이가 자신의 실력과 잠재력을 현실적으로 평가하도록 도와야 한다는 것도 기억하자.

열 살 때 나는 프로 야구 선수가 될 거라고 확신했다. 하지만 리틀 리그에서 1년을 뛰고 난 뒤에 내가 야구에 소질이 없다는 것을 알게 되었다. 단지 나와 야구가 맞지 않았던 것뿐이다. 불행하게도 어떤 부모들은 자신의 능력 - 또는 능력의 부족 - 과 정직하게 대면하라고 자녀들에게 권하지 않는다. 하나님은 내 인생을 향해 전혀 다른 계획을 갖고 계신데, 빅 리그 진출을 꿈꾸며 학교에 다녔다면 얼마나 많은 시간을 낭비하게 될지 상상이 가지 않는다.

## 뻔한 핑계를 내려놓고 하나님을 바라보라

홈스쿨을 할 수 없는 '이유들'을 늘어놓자면 끝도 없지만, 그것은 결국 핵심 문제로 요약된다. 그것에 직면해 보자.

우리는 조금이라도 불편할 것 같은 일은 하고 싶어 하지 않는다. 이 책의 요점은 성경적 홈스쿨이 열매를 맺으며 하나님이 순종을 기뻐하신다는 것을 보여주는 것이다. 우리는 어떤 장애물도 극복할 수 있다. 우리가 하나님의 뜻 가운데 있다면 말이다. 하나님의 힘을 덧입고 그분의 음성을 따르고 있다면 어느 것도 우리를 이길 수 없을 것이다.

우리 가족은 20년 넘게 홈스쿨을 하고 있다. 그 일이 늘 쉽지만은 않았다는 것을 인정한다. 우리는 모두 자신을 직면하며 우리의 부족함을 깨달아야 했다. 때로는 우리의 습관과 신념을 변화시킬 필요도 있었다. 그러나 이 모든 것을 통해 나는 예수님과 함께 사망의 어두운 계곡을 지나가는 것이 나의 지혜로 '편하게' 걸어가는 것보다 낫다는 것을 배웠다. 어둠이 심해질수록, 우리는 눈을 감고 우리를 인도하시는 변함없는 손을 더욱 세게 붙잡는다.

그러나 주는 우리가 온전히 의지할 분으로, 악한 자에게서 여러분을 보호하고 견고하게 하실 것입니다. 그분은 우리에게 여러분이 우리 지시대로 하고 있으며, 앞으로도 그럴 것이라는 확신을 주십니다. 여러분이 주의 인도를 받아 하나님의 사랑과 그리스도의 끈기 있는 고난을 마음 깊이 이해하기를 빕니다 살후 3:3-5.

예수님은 우리를 결코 떠나지 않고 우리를 버리지 않으실 것이다. 그게 약속이다! 우리는 하나님의 약속의 말씀을 받았다. 바로의 군대가 바싹 추적하고 있음에도 하나님이 함께 계심을 알고 홍해와 마주하는 것이, 하나님을 떠나 사람이 만든 최신 병거 안에 있는 것보다 낫다. 하나님의 뜻 안에 있으면 우리는 매번 승리할 것이다.

하나님을 사랑하고 그분 뜻대로 부름받았다면, 모든 것 - 심지어 끔찍한 것들도 - 이 합력해서 선을 이룰 것을 나는 확신한다. 부모인 당신은 자녀들을 집에서 성공적으로 가르칠 수 있다. 우리도 해냈다. 물론 우리를 거스르는 많은 역경이 있었다.

우리 부모님은 내가 여섯 살 때 이혼하셨고, 엄마의 재혼은 학대로 얼룩졌으며, 결국 우리는 버림받고 말았다. 어머니는 혼자서 여섯 아이를 키워야 하는 현실에 부닥쳤다. 나는 난독증(Dyslexic)과 주의력 결핍 장애(ADHD)를 갖고 있었으며, 운동 기능보다 더 빨리 돌아가는 뇌와 싸워야 했다.

우리는 재정적 곤란을 겪었고 어머니는 수도 없이 병치레를 하셨다. 법원 심리(Court Hearing)와 사회봉사, 홈스쿨에 미쳐 있다고 끊임없이 말하는 '친구들'을 대면해야 했다.

그러나 이런 수많은 반대 속에서도 하나님은 신실하게 우리를 인도하셨다. 이 과정에서 나는 다음의 말씀이 누구도 거부할 수 없는 진리임을 배웠다.

하나님은 늘 교만한 자를 적대하지만, 겸손한 이에게는 늘 기꺼이 은혜를 베푸십니다 벧전 5:5 중에서.

하나님 앞에서 자신을 낮추고 그분 발 앞에 자신의 삶을 내려놓으면, 그분이 우리를 들어 올리실 것이다. 하나님은 진흙투성이 수렁에서 우리를 건져 올려서 우리 발을 반석 위에 두실 것이다. 하나님 편에 선 사람은 결코 길을 잃지 않는다.

끝으로, 강건하십시오. 여러분의 힘으로가 아니라 주 안에서, 그분의 무한한 힘으로 강건하십시오. 하나님의 전신 갑주를 입고 마귀의 모든 간계에 능히 맞서십시오 엡 6:10-11.

당신의 가정을 인도해 달라고 하나님께 기도하라. 하나님이 당신 삶에 가져다주실 정결하게 하는 불을 통과할 준비를 하라. 그분에게는 목표만큼이나 과정도 중요하다. 그분은 우리가 온전함을 향해 가는 길에서 그분을 사랑하는 법을 배우기 원하신다.

홈스쿨을 통해 당신 가정이 성공할 거라고 장담하지는 못하겠다. 그러나 주님을 신뢰하면 당신 가정은 성공할 것이다. 하나님을 의지하고 우리의 지혜를 의지하지 않으면, 그분이 우리 길을 지도하실 것이다.

너의 마음을 다하여 주님을 의뢰하고, 너의 명철을 의지하지 말아라. 네가 하는 모든 일에서 주님을 인정하여라. 그러면 주님께서 네가 가는 길을 곧게 하실 것이다 잠 3:5-6.

하나님이 당신과 당신 자녀와 당신 가정에 복 주시기를 소망한다!

# 주

## 들어가며

1.  W. Andrew Hoffecker, ≪Building A Christian World View≫, Phillipsburg, NJ : P&R Publishing Co., 1986.

## 1장

1.  Rev. S. Phillips, ≪The Christian Home – As It Is In The Sphere Of Nature and the Church≫, reprinted in Teaching and Learning America's Christian History by Rosalie J. Slayter, San Francisco, CA : Foundation for American Christian Education, 1992 ; fifth printing.

## 2장

1.  Neil Postman, ≪The End of Education≫, New York : Vintage Books, 1996, ≪교육의 종말≫, 문예출판사, 1999.
2.  Rev. S. Phillips, reprinted in ≪Teaching and Learning America's Christian History≫, San Francisco, CA : Foundation for American christian Education, 1992–firth printing.
3.  Ravi Zacharias, ≪Deliver Us from Evil≫, Dallas, TX ; Word Publishing, 1996.
4.  Frederic Bastiat, ≪The Law≫, Irving-on-Hudso, NY : Foundation For Economic Education,Inc., 1850, 15th printing 1990.
5.  Ibid.
6.  C. S. Lewis, ≪Reflections on the Psalms≫, copyright 1958 by C. S. Lewis, Introductory. ≪시편 사색≫, 홍성사, 2019.

## 3장

1.  Ravi Zacharias, ≪Deliver Us From Evil≫, Dallas, TX ; Word Publishing, 1996.

2. Marlin Maddox, ≪Free Speech or Propaganda-How the Media Distorts the Truth≫, Nashville, TN : Thomas Nelson, 1990.

3. The Barna Research Group, Ltd. of Glendale, CA, 1994 Chruched Youth Survey. Survey of 3,795 churched youth.

4. Ravi Zacharias, ≪Can Man Live Without God ? ≫, Dallas, TX : Word Publishing, 1994, ≪진리를 갈망하다≫, 프리셉트, 2007.

5. Pat Robertson, ≪Ten Mysteries of Success - How to Succeed in the New Millennium≫, Virginia Beach, VA : CBN, Inc., 1999, audio set.

6. C. S. Lewis, ≪God in the Dock≫, Grand Rapids, MI : Eerdmans Publishing, 1970, ≪피고석의 하나님≫, 홍성사, 2011.

# 4장

1. John W. Robbins, Forward to ⟨Historiography, Secular and Religious⟩ - by Cordon Clard, Hobbs, New Mexico : Trinity Foundation, 1994.

2. Gordon Clark, ibid.

3. Rousas John Rushdoony, ≪The Philosophy of the Christian Curriculum≫, Vallecito, CA : Ross House Books, 1981, ≪기독교 교육 무엇이 다른가≫, 꿈을이루는사람들, 2007.

4. 헨리 모리스의 책 ≪Men of Science/Men of God≫에서 인용, EI cajon, CA : Master Books, 1982.

5. 헨리 모리스의 책 ≪The Long War Against God≫에서 인용한 '공식' 지구 나이, Grand Rapid, MI:Baker Book House, 1989.

6. Ken Ham & Paul S. Taylor, ≪The Genesis Solution≫, Mesa, AZ : Rilm for Christ, Assoc., 1988, Baker Book House, Grand Rapids, MI.

7. Duane T. Gish, Ph.D., ≪Creation Scientists Answer Their Critics≫, EI Cajon, CA : Institute for Creation Research, 1993.

8. 'A Science and Homeschooling' Interview with Dr. John Morris, HOME SCHOOL DIGEST V9#3.

9. John Joseelyn은 17세기 메인(Maine)에 거주한 의사였다. ≪The Maine Woods≫라는 책의 'Chesuncook' 장에서 헨리 데이비드 소로가 인용했다. 1864년 첫 출판됨.

10. 1849년 첫 출판된 ≪A Week on the Concord and Merrimack River≫에서.

11. James Nickel, ≪Mathematics : Is God Silent? ≫, Vallecito : CA, Ross House Books, 1990.

12. Cornelius Van Til, ≪Antithesis in Education - from Foundations of Christian Education≫, Phillipsburg, NJ : P&R Publishing Company, 1990.

13. Francis A. Schaeffer, ≪The God Who is There≫, Wheaton, IL : Crossway Books, 1982. ≪거기 계시는 하나님≫, 생명의말씀사, 1995.

14. Gene Edward Veith, ≪Postmodern Times - A Christian Guide to Contemporary Thought and Culture≫, Wheaton, IL : crossway books, 1994.

15. Alan Holubesko, ≪Becoming the Consummate Communicator≫, Norwich, CT : A & L Publishing, 1996.

16. Ken Davis, ≪Secrets of Dynamic Communication≫, Grand Rapids, MI : Zondervan, 1991.

17. ≪Spiros Zodhiates' The Complete Word Dictionary of the New Testament≫, Chattanooga, TN : AMG Publisher, 1992.

18. Jeffery D. Schultz와 Jonn G. West, Jr 편집. ≪The C. S. Lewis Readers' Encyclopedia≫, Grand Rapids, M I: Zondervan, 1998.

19. Kenneth A. Myers, ≪All God's Children and Blue Suede Shoes≫, Wheaton, IL : Crossway Books, 1989, ≪대중문화는 기독교의 적인가 동지인가≫, 나침반, 1992.

20. Willam J. Federer, ≪America's God and Country≫, Coppell, TX : FAME Publishing, 1994.

21. ibid.

# 5장

1. ⟨The 60's and the Decline of the Christian West⟩, quoted by Steve Schlissed, Chalcedon, No. 396, July 1998.

2. 미국의 문화 상황에 관한 이 놀라운 통찰은 상당 부분 조시 맥도웰의 것이다. ⟨Influence of the Public Schools⟩은 ≪Right From Wrong≫에 실려 있다. Dallas, TX : Word Publishing, 1994.

3. Francis A. Schaeffer, ≪The God Who Is There≫, Wheaton, IL : Corssway Books, 1982.

4. Schaeffer, p.6.

5. 라비 재커라이어스의 국제사역센터에서 3년마다 발표하는 성명서 <Just Thinking>에 실린 글 <Culture, Grace and Glory>에서 인용.

6. Patrick Kavanaugh, ≪Raising Musical Kids≫, Ann Arbor, MI : Vine Books, 1995.

7. William J. Federer, ≪America's God and Country≫, Coppell, TX : FAME Publishing, Inc., 1994.


# 6장

1. Ravi Zacharias, ≪Can Man Live Without God?≫, Dallas, TX : Word Publishing, 1994.

2. Neil Postman, ≪The End of Education≫, New York : Vintage Books, 1996.

3. <Whose America?>, TIME Magazine, July 8, 1991.

4. Richard John Neuhaus, <Incorrigibly Christian America>, First Things ; February 2000, Number 100.

5. William D. Watkins, ≪The New Absolutes≫, Minneapolis, MN : Bethany House Publishers, 1996.

6. Dr. Henry M. Morris, ≪Christian Education for the Real World≫, (EI Cajon, CA : Master Books, 1977.

7. Gary DeLashmutt & Roger Braund, with Dennis McCallum - General Editor, ≪The Death of Truth-What's Wrong With Multiculturalism, the Rejection of Reason, and the New Post-Modern Diversity≫, Minneapolis, MN : Bethany House Publishers, 1996, An outreach of The Crossroads Project-Xenos Christian Fellowship, Inc..

8. 라비 재커라이어스의 비디오 <The Uniqueness of Christ in World Religions>(RZIM, Atlanta, GA.)를 보라.

9. Gene Edward Veith, Jr., ≪Postmodern Times - A Christian Guide to Contemporary Thought and Culture≫, Wheaton, IL : Crossway Books, 1994.

## 7장

1. John Dewey, ≪Experience & Education≫, 1983, Kappa Delta Pi. ≪존 듀이의 경험과 교육≫, 박영스토리, 2019.
2. Rev. S. Phillips, reprinted in ≪Teaching and Learning America's Christian History≫.
3. 'Our Violent Kids', <Time Magazine>, June 12, 1989.


## 8장

1. John Dewey, Experience & Education, 1983 Kappa Delta Pi.
2. Rev. S. Phillips, reprinted in Teaching and Learning America's Christian History by Rosalie J. Slater (San Francisco, CA: Foundation for American Christian Education 1992- fifth printing), p. 18-19.
3. <Our Violent Kids>, Time Magazine, June 12, 1989.


## 10장

1. John Taylor Gatto, ≪Dumbing Us Down≫, New Society Publisher, 1992, Biographical note, page xiii, ≪바보 만들기≫, 민들레, 2017.